내 아이 머리를
좋게 만드는 기술

내 아이 머리를 좋게 만드는 기술

초판 1쇄 발행 | 2008년 07월 15일
초판 3쇄 발행 | 2022년 08월 10일

지은이 | 다코 아키라
옮긴이 | 김종옥

발행인 | 김선희 · 대 표 | 김종대
펴낸곳 | 도서출판 매월당
책임편집 | 박옥훈 · 디자인 | 윤정선 · 마케터 | 양진철 · 김용준

등록번호 | 388-2006-000018호
등록일 | 2005년 4월 7일
주소 | 경기도 부천시 소사구 중동로 71번길 39, 109동 1601호
        (송내동, 뉴서울아파트)
전화 | 032-666-1130 · 팩스 | 032-215-1130

ISBN 978-89-91702-36-3 (03180)

내 아이 머리를 좋게 만드는 기술

다코 아키라 지음
김종옥 옮김

매월당
MAEWOLDANG

　나는 이전에 《거침없는 공부 방법》, 《거침없는 수험 방법》이라는 중·고등학생을 대상으로 한 책을 썼다. 이 책들은 어떻게 하면 즐겁고 효과적으로 공부할 수 있는가 하는 방법을 적은 것인데, 나 자신이 깜짝 놀랄 정도로 큰 반향을 일으켰다. 자기가 쓴 책이 많은 사람들에게 읽히고 있다는 것은 저자에게 매우 기쁜 일임에 틀림없다. 그러나 많은 학생들이 귀중한 청춘을 시험공부로 인해 낭비하고 있다는 사실을 새삼 깨닫게 되면서 이 문제를 근본적으로 해결하는 방법은 없을까 하고 진지하게 생각지 않을 수 없었다.

　'거침없는 공부 방법' 이란 컴퓨터에 비유하면 소프트웨어(기계의 움직이는 방법)와 같은 것으로, 원래의 기계가 좋지 않으면 그다지 능률이 향상되지 않는다. 그렇다면 기계의 본체인 하드웨어만 잘 만들어놓으면 학교공부나 시험공부에 고통을 받지 않아도 되는 것이다. 그러기 위해서는 어릴 때 공부 따위로 고생하지 않고 살도록 머리 그 자체를 만들어버리는 것이 가장 좋은 방법이다.

이렇게 말하면 개중에는, 과연 어린아이의 머리를 좋게 하는 방법이 있을까 하고 의문을 갖는 사람도 있을 것이다. 대부분의 사람들이 인간의 머리가 좋고 나쁨은 선천적인 것으로, 아무리 발버둥을 쳐도 달라질 리 없다는 확고한 신념을 갖고 있다. 그러므로 머리를 좋게 하는 노력을 게을리하고 소중한 머리를 녹슬게 하여 후에 학교공부를 하는데 온갖 고생을 하고 있는 것이다. 그러나 인간의 머리는, 특히 어린아이일수록 주어진 환경 조건에 따라 좋아질 수 있다.

그 이유는 말할 것도 없이 어린아이의 머리가 발달 과정에 있기 때문이다. 그 중에서도 이 책에서 대상으로 하고 있는 3세부터 6세까지의 아동의 머리에 '적절한 자극'을 주면 두뇌가 급커브를 그리면서 눈부시게 발달해 간다. 요컨대 이 시기를 놓치지 말고 적절한 자극을 주면 학교에 들어간 다음, 공부 때문에 고생하는 일은 없게 된다는 것이다.

문제는 이 '적절한 자극'이란 도대체 어떤 것이며, 또 누가 그 자극을 주어야 하는가다. 바로 그것을 생각해 보는 것이 이 책의 테마이기도 하다. 그런데 현재 생리학적이나 심리학적으로 인간의 대뇌 속에서 어떠한 자극이 어떻게 작용하여 뇌가 발달하느냐 하는 한 가지 뜻으로 풀이될 수 있는 관계는 발견되지 않았다.

그렇지만 인간의 지능이 교육이나 훈련 또는 어렸을 때 처한 환경 조건 여하에 따라 변화한다는 것은 사실이다. 뿐만 아니라 이 시기야말로 어린아이의 머리를 좋게 하는 가능성이 열려 있다.

물론 이와 같이 머리의 기초를 만들어줄 수 있는 사람은 어머니다. 취학 전의 어린아이에게 어머니는 아이와 매일 접할 수 있는 유일한 어른이기 때문이다. 그러므로 어머니가 하기에 따라 아이의 머리를 좋게도, 나쁘게도 할 수 있다. 이런 점에서 어머니의 책임은 매우 크다고 할 수 있다. 그렇다고 해서 교육에 극성스러운 어머니가 되라고 권하는 것은 절대 아니다. 다만 어머니는 간단한 생각과 아이디어를 낼 수 있는 기회를 발견시켜 주면 되는 것이다.

　머리가 좋은 아이는 학교에 들어가서 공부 때문에 괴로움을 당할 일도 없다. 문자 그대로 '거침없는' 공부를 해치우고, 남은 시간을 뜻있게 보낼 것임에 틀림없다. 나는 그런 아이들이야말로 21세기를 짊어지고 갈 국민이 될 것이라고 기대하고 있다.

다고 아키라

머리말 · 4

프롤로그 어린아이의 머리는 점점 좋아진다 · 20

첫째 마당 **한 마디의 말이 아이의 머리를 결정한다**

첫째 마당을 시작하면서 · 38

'너는 머리가 좋다.'고 반복해서 말하면 정말로 머리가 좋아진다 · 43

언제나 '스스로 한다.' '스스로 생각한다.'고

　　소리 내어 말하게 하면 생각하는 태도가 몸에 밴다 · 44

부모가 이 아이는 어딘가 쓸모가 있다고 생각하면

　　아이는 향상된다 · 46

생각지도 않던 일로 칭찬을 받으면 자신감은 두 배로 늘어난다 · 47

아이의 앞에서뿐만 아니라 없는 데에서도 칭찬해 준다 · 49

아이가 실패했을 때 칭찬하고 나서 꾸짖으면

　　다시 한 번 해보려는 마음을 갖게 된다 · 50

꾸짖을 때에는 입장을 바꿔서 생각하게 한다 · 51

지나친 칭찬은 도리어 아이의 머리를 나쁘게 한다 · 53

한 가지라도 자신 있는 일을 만들어주면

　　다른 면에서도 몰라보게 신장한다 · 54

좋은 성적을 받았을 때

　　부모가 당연한 듯한 표정을 짓는 것도 필요하다 · 55

아이를 꾸짖을 때 손찌검부터 하는 부모는
　　아이의 사고력을 빼앗는다 · 57
'우리 아이는 태생이 나빠서'라고 말하는 부모의 겸손이
　　아이의 머리를 나쁘게 만든다 · 58
아이의 얼굴 생김새, 몸 생김새를 비판하면 머리까지 나빠진다 · 60
아이의 작품에 '킬러 프레이즈'는 금물이다 · 61
아이의 머리를 자주적으로 움직이게 하기 위해서는
　　'명령형'보다 '의문형'을 쓰는 것이 좋다 · 62
부모의 권위를 강요하는 것은 생각하지 않는 아이로 만든다 · 63
아이의 이야기는 아이의 키와 같은 높이에서 들어준다 · 64
때로는 부모가 실수하는 것도
　　아이의 능력을 향상시키는 데 도움이 된다 · 65
부모가 아이의 장래에 대해 고정된 이미지를 가지면
　　아이의 가능성은 더 이상 확장되지 않는다 · 66
결론을 강요하는 설득보다는 냉정하게 화를 내는 쪽이
　　오히려 아이를 생각하게 만든다 · 67

둘째 마당 '나쁜 아이'일수록 잘 발전한다

둘째 마당을 시작하면서 · 70

아이가 성실히 공부하고 있다고 해서 좋아할 수만은 없다 · 74

반항하는 아이일수록 판단력이 있는 어른으로 성장한다 · 75

'심술쟁이', '비뚤어진 아이' 야말로
    대성할 머리의 소유자인 경우가 많다 · 77

아이의 억지 이론을 어른의 논리로 몰아대서는 안 된다 · 78

거짓말을 하는 아이는 '나쁜 아이' 가 아니고
    '창조성이 높은 아이' 다 · 79

아이가 잘못하고 있을 때야말로 생각하고 있는 것이다 · 80

문제 해결의 와중에서 잘못이 많은 아이일수록
    갑자기 비약적으로 발전하는 경우가 많다 · 81

무엇이든지 척척 이해할 수 있는 아이보다
    의문이 많은 아이가 더욱 발전할 수 있다 · 83

실패를 자주 하는 아이는 생각할 기회도 그만큼 많다 · 84

장난꾸러기일수록 창조성도 풍부하다 · 86

낙서는 아이의 창조력을 풍부하게 한다 · 87

곧잘 미아가 되는 아이야말로 장래성이 있다 · 88

집단행동을 싫어하는 아이일수록 무수한 가능성을 숨기고 있다 · 89

싸움의 중재는 하지 않는다 · 91

싸움을 할 경우 우선 말로써
    상대를 꼼짝 못 하게 하는 방법을 가르친다 · 92

벌레를 태워 죽이는 일도 아이에게는 지적 학습의 하나다 · 93

만화는 아이에게 세균이 아니다 · 94

아이가 난폭한 말투를 사용했다고 하더라도
무리하게 고칠 필요는 없다 · 96

아이에게 장난감은 부수는 물건이다 · 97

머리가 좋아지면 자연히 타인에 대한 배려도 생긴다 · 98

셋째 마당 환경이 머리를 좋게 한다

셋째 마당을 시작하면서 · 102

공부와 연관이 있다고 하여 모든 욕구를 채워주어서는 안 된다 · 107

자유방임형 가정에서는 머리 좋은 아이가 자라지 않는다 · 108

모든 면에서 아이를 우선하는 생활은

아이의 머리에 나쁜 영향을 준다 · 110

부모의 과보호와 지나친 간섭은

아이의 사고력을 크게 방해한다 · 111

아버지와 아이의 생각은 다를수록 좋다 · 112

'남자 아이니까', '여자 아이니까' 하고 말하는 것은

아이의 지적 발상을 반감시킨다 · 113

연상의 친구는 아이에게 성장의 '도구' 다 · 114

웃음 없는 집에서 머리가 좋은 아이는 자라지 않는다 · 115

소지품을 언제나 정해진 장소에 놓게 하면

자유로운 발상을 할 수 없다 · 116

저녁 식사 때 그날의 뉴스를 집안의 화제로 삼는다 · 117

집에는 여러 가지 책을 놓아둔다 · 119

멍멍, 냠냠 따위의 유아어를 계속 사용하고 있으면

유아적 발상밖에 하지 못한다 · 120

책이나 그릇의 정리를 아이에게 맡기면

판별 능력을 단련하는 좋은 기회가 된다 · 121

연필이나 종이를 몸 가까이에 놓아주는 것만으로도
　　문자나 그림에 친숙해지는 동기가 된다 · 122
위험하다고 하여 높은 곳에 올라가지 못하게 하면
　　아이의 시야가 좁아진다 · 123
매일 같은 길을 걸어서 학교에 가면
　　언제나 같은 발상밖에 할 수 없다 · 124
'지정거림' 을 금하면 아이는 성장할 수 없다 · 126
고독에 익숙해지는 공간을 만들어주면 생각하는 습관이 붙는다 · 127
애완용 동물은 아이의 탐구심을 길러준다 · 128
예능 교육 등의 과외를 강요하는 것은
　　아이의 두뇌를 학대하는 것이다 · 130
외국어를 말하는 아이와 놀고 그 말을 듣는 것만으로도
　　어휘력의 밑바탕이 된다 · 131
환경이 나쁘다고 부모가 걱정할 필요는 없다 · 133

차 례

넷째 마당 열심히 놀고 열심히 공부한다

넷째 마당을 시작하면서 · 136
아이의 머리는 쓰면 쓸수록 좋아진다 · 141
'열심히 놀고 열심히 공부하는 것'이
　　머리에는 최상의 건강법이다 · 142
아이의 놀이도 부모가 약간의 힌트만 주면
　　보다 높은 지적 게임이 된다 · 144
아이가 놀이에 열중하고 있을 때에는
　　아무리 유익한 조언도 유해한 잡음에 지나지 않는다 · 145
때로는 장난감에 붙어 있는 설명서 없이 놀게 해본다 · 146
완성된 장난감은 주지 않는 것이 좋다 · 147
장난감을 줄 때에는 한 개만 주는 것과
　　여러 개를 주는 것을 반복한다 · 148
하나의 장난감으로 놓는 방법을 바꾸는 것만으로도
　　새로운 놀이를 생각하게 하는 계기가 된다 · 149
장난감이나 도구는 다소 부족한 편이 좋다 · 150
종이접기를 접는 것뿐만 아니라 펴는 것으로도 지적 유희가 된다 · 152
실내 게임에서 상대에게 '좀 기다려.'라는 말은
　　머릿속으로만 해야 하는 말임을 가르친다 · 153
'말잇기놀이'는 빠르게 대답하는 데 의미가 있다 · 154
엎어놓은 트럼프 속에서 같은 수의 카드를 맞추는 게임은
　　아이의 두뇌에 강한 자극을 준다 · 156

장기는 말을 움직이지 않고 생각하는 데 의미가 있다 · 157
'승부를 겨루는 놀이' 는 '이기는 것' 에 집착하기 때문에
    집중력이 길러진다 · 159
바둑돌은 산수 성적을 올리는 최상의 장난감이다 · 160
'숨바꼭질' 할 때에는 찾으러 다니기 전에
    미리 말로 맞히는 것도 사고 훈련의 한 방법이다 · 161
아이가 '탈것놀이' 를 하고 있을 때에는
    차표가 없는 승객이 되어본다 · 162
아이에게는 어지럽히는 일도 두뇌 활동의 하나다 · 164
가끔 아이에게 잡동사니를 정리시키면
    지적 재산으로서의 가치가 증가한다 · 165
역할 연기는 아이의 상상력을 높인다 · 167

차 례

다섯째 마당 생각할 기회를 준다

다섯째 마당을 시작하면서 · 170

'생각하는 것'이 좋은 결과를 낳는다는 것을 깨닫게 해준다 · 175

아이에게는 적극적으로 '풀 수 없는 문제'를 준다 · 176

곤란에 직면한 아이에게는 절대로
       그 '결론'을 도와주어서는 안 된다 · 178

외우는 것은 잊는 것의 반복이다 · 179

어려운 문제에서는 잘못을 지적하지 말고
    올바른 부분만을 인정해 준다 · 180

드릴이나 테스트는 아무리 해도
    드릴형, 테스트형의 머리밖에 만들지 못한다 · 181

혼잣말을 금하는 것은 아이에게 생각하는 것을
    그만두라고 말하는 것과 같다 · 182

부모의 이치로 아이를 설득하면
    아이의 머리에서 논리성을 빼앗는다 · 183

목표는 주는 것이 아니고 아이 자신이 발견하게 한다 · 185

'이것', '어떤 것', '무엇'의 반복이
    무리없이 아이의 사고력을 높인다 · 186

아이를 꾸짖을 때에는 내용보다도 타이밍이 중요하다 · 187

배우고 싶어하는 것을 가르치는데 너무 빠른 시기란 없다 · 188

물체를 가르칠 경우 가장 재미있어 할 때 중단해 본다 · 189

물건의 이름을 가르치면 판별 능력이 생긴다 · 191

글자를 가르칠 때에는 한자를 먼저 가르친다 · 192

한자를 가르칠 때에는 주변의 것, 구체적인 것부터 시작한다 · 194

50음을 그대로 외우는 것은 큰 의미가 없다 · 195

아이가 수를 세기 시작하면 다른 종류의 것을 섞어서 가르친다 · 196

수를 말하는 것만으로는 수를 이해한다고 할 수 없다 · 197

아이가 그린 그림은 아무리 서툰 그림이라도

　　무엇을 그린 것이냐고 묻는다 · 198

아이가 그림을 그리기 시작하면

　　때로는 삼각형의 도화지를 주는 것도 좋다 · 200

하이쿠의 암송은 기억력을 단련시키는 데 도움이 된다 · 201

신문지 한 장이 아이의 지적 발달을 촉구하는 다양한 소재가 된다 · 202

아이에게 주스를 먹일 때에는

　　매번 다른 모양의 컵에 따라서 먹인다 · 204

아이에게 자주 현금을 주어 물건을 사게 한다 · 205

아이에게 전화기의 버튼을 누르게 한다 · 206

아이의 장난감은 직접 선택하게 한다 · 207

용건을 종이에 적는 대신 말로 전하면 기억력이 좋아진다 · 208

용건을 지시할 때에는 한 번에 두 개 이상 말한다 · 210

도구의 용도를 가능한 한 많이 열거하게 하면 독창력이 길러진다 · 211

버리는 물건의 용도를 물어보면 창조력과 관찰력이 길러진다 · 213

무엇이 부족할 때에는 대용품을 생각하게 한다 · 214

아이와 이야기할 때에는 가능한 한

　　'예.' '아니오.'로 대답할 수 없는 질문을 한다 · 215

차 례

아이가 어이없는 질문을 해도 진지한 태도로 대답해 준다 · 216

아이의 질문을 받으면 알고 있어도

   100퍼센트 대답하지 않는 편이 좋다 · 218

아이의 질문에 논리적 · 과학적으로 대답하는 것만이

   좋은 대답은 아니다 · 219

아이의 질문에는 반대로 'IF'의 질문을 던져준다 · 220

아이가 말을 틀리게 사용하는 것은

   창조력의 발달을 나타내는 증거다 · 221

아이가 말하려는 것을 알았을지라도

   절대 앞질러 말해서는 안 된다 · 222

복잡한 회화를 시작한 아이와 대화를 할 때에는

   '천천히' 기다려준다 · 223

접속어에 주의를 기울이면 논리적인 사고를 기를 수 있다 · 225

아이가 엉뚱한 착상을 할 때 칭찬해 주면 창조성을 기를 수 있다 · 226

무엇인가에 열중하고 있는 아이를

   좋은 습관을 길러준다고 무리하게 재워서는 안 된다 · 228

아이의 발견에는 순진하게 놀란 표정을 짓는다 · 229

아이가 열중해서 하고 있는 일을 방해해서는 안 된다 · 230

부모가 아이에게 동작을 가르칠 때에는

   그 동작을 말로 표현하면서 한다 · 231

아이에게 물건을 가져오게 할 때에는

   손가락으로 가리킬 뿐만 아니라 위치를 구체적으로 말한다 · 232

여섯째 마당 머리에 영향을 준다

여섯째 마당을 시작하면서 · 236

머리를 사용해야 할 때일수록 몸의 운동이 필요하다 · 241

몸이 건강한 아이는 머리도 활발하게 움직인다 · 242

편식은 몸보다도 머리에 해롭다 · 243

잠을 너무 많이 자면 머리가 나빠진다 · 244

식사 중의 '잡담 금지'는 아이의 표현력을 저하시킨다 · 245

집안일을 돕게 할 경우에도 가능한 한

　　손가락 끝을 자주 사용하는 일을 시킨다 · 246

식사는 젓가락으로 하게 한다 · 247

오른손뿐만 아니라 왼손을 사용하게 하면 머리의 훈련이 된다 · 248

연필 깎는 기계는 아이의 머리가 발달할 수 있는 기회를 빼앗는다 · 249

가위로 종이를 자를 때에는

　　아무렇게나 자르는 즐거움을 맛보게 한다 · 250

바이올린이나 피아노는 아이의 집중력을 기른다 · 251

따뜻한 날에는 가능한 한 아이를 알몸으로 놀게 하면

　　정신과 신체가 함께 발달한다 · 252

잘 걷는 아이일수록 머리가 활발하게 움직인다 · 253

마음 내키는 대로 걷게 하는 것이 아이의 머리에 좋다 · 254

어린아이의 머리는 점점 좋아진다

머리의 좋고 나쁨은 양육 방법에 달려 있다

'개구쟁이라도 좋다, 건강하게만 자라다오.' 부모가 아이에게 바라는 것은 이 말처럼 건강에 관한 것이나 성격에 관한 것 등 여러 가지다. 부모라면 누구나 아이의 장래를 생각하고 있지만, 그중에서도 아이의 지적인 가능성을 충분히 신장시키고 강인한 사고력과 창조력, 그리고 풍부한 지식을 몸에 지녀, 유능한 사회인이 되어주기를 바라는 것도 부모의 공통된 소원일 것이다. 자기는 어떻든, 아이만은 우수한 두뇌를 가져주었으면 하는 것이 많은 부모들의 솔직한 바람이다.

그러나 이와 같은 부모의 바람에 반해 일반적으로 '머리가 좋다.' 라고 말할 경우, 그것은 선천적이라든가 유전이라고 생각되는 경향이 강한 것 같다. 이것은 첫째, 지금까지의 지능관(知能觀)이, 인간의 지능은 선천적이라는 것을 강조하여 지능지수(IQ)를 평생 달고 다니는 것으로 인식되어 왔기 때문이다.

그러나 아이의 머리는 아이가 태어난 후 주어진 환경이나 조건 등에 크게 좌우된다. 예를 들면 주위의 어른, 특히 어머니가 만들어주는 환경에 따라 아이의 머리는 얼마든지 좋아질 수 있다.

그렇다고 해서 극성스러운 어머니처럼 아이에게 공부를 무리하게 강요하거나 밀어붙일 필요는 없다. 그보다는 일상생활 속에서 수시로 기회를 잡아 아이의 머리를 단련시키는 것이 좋을 것이다. 이 책에서 다루는 대상은 3세부터 초등학교에 입학할 때까지다. 그러므로 놀이나 일상적인 가정생활에서 아이와 자연스럽게 접촉하면서 어떻게 하면 아이의 머리를 좋게 할 수 있는가를 추구하는 것이다.

나는 《거침없는 공부 방법》이나 《거침없는 수험 방법》이라는 책에서 어떻게 하면 공부를 즐겁고 효과적으로 할 수 있는가를 나자신의 체험을 곁들여 심리학적 입장에서 정리해 보았다. 그 책에서는 중·고등학생을 대상으로 했다. 그러나 즐겁고 효과적으로 공부하는 방법은 반드시 중·고등학생에게만 해당되는 것은 아니다. 초등학생도 하는 방법에 따라서 얼마든지 적용시킬 수 있다.

아니 사실은 중·고등학생이 되면 너무 늦는다. 초등학교에 들어가기 전에 그 방법을 익혀두면 입학하고 나서 쓸데없는 고생을 하지 않아도 된다.

이와 같이 이 책의 주제는 합리적인 공부 방법, 사고방식의 토대가 되는 두뇌를 만들어두자는 것이다. 그러면 아이는 학교공부를 짧은 시간에 마치고, 나머지 시간은 놀거나 몸을 단련시키는데 이용하여 균형 있는 풍요로운 생활을 할 수가 있다.

그러나 그에 앞서 머리가 좋다는 것은 어떤 것인가, 지능 테스트로 측정된 지능이란 도대체 무엇인가를 다시 한 번 차분히 생각해 볼 필요가 있다.

'머리가 좋다' 는 것은 어떤 것인가?

우리는 일상생활에서 무심코 '머리가 좋다.' 는 말을 사용하고 있다. 그러나 생각해 보면 이 말은 여러 가지 복잡한 뜻을 포함하고 있다.

머리가 날카롭다, 샤프하고 빈틈이 없다, 회전이 빠르다, 척척 요령 좋게 일을 처리할 수 있다, 개념이 명확하여 분류·추상(抽象)·분석·종합 능력을 지니고 있다, 하나를 들으면 열을 안다, 재치가 넘친다, 한 번에 많은 것을 듣고 이해할 수 있다, 직관력·

선견력(先見力)·추리력·기억력이 좋다, 머리가 유연하다, 전환이 빠르다, 창조성이 풍부하다…….

대충 예를 들어봐도 머리가 좋다는 것과 관련된 말은 무수히 많다. 그렇다면 도대체 머리가 좋다는 것은 무엇을 말하는 것인가?

이야기는 좀 빗나가지만 컴퓨터 용어에 하드웨어와 소프트웨어라는 말이 있다. 하드웨어란 컴퓨터 기계 그 자체를 말하고, 소프트웨어란 컴퓨터를 움직이게 하는 프로그램을 의미한다. 따라서 하드웨어가 좋지 않으면 복잡하고 수준 높은 소프트웨어를 구사할 수가 없다. 인간의 머리를 이 컴퓨터에 비유한다면 머리가 좋다는 것은 결국 하드웨어가 좋다는 것이다.

그런데 인간의 머리가 좋다고 하는 데에는 이 밖에도 몇 가지 조건이 따른다.

첫째, 같은 작업을 하더라도 노력하지 않고 손쉽게 해치울 수 있어야 한다. 같은 시험공부를 해도 머리가 좋은 사람은 성적을 올리기 위해 밤을 새워 공부하지 않더라도 유유히 합격할 수 있다. 이것은 마치 컴퓨터의 하드웨어가 고급이면 같은 계산이라도 단시간에 여유 있게 해낼 수 있는 것과 같다.

둘째, 똑같이 손쉽게 해치운다고 해도 그 내용이 문제가 된다. 예를 들면 그림을 아주 잘 그리거나 피아노를 잘 치거나, 체조를 잘한다고 해도 '저 사람은 머리가 좋다.' 라고 말하지는 않는다.

즉 솜씨나 몸으로 승부하는 것이 아니고 순수하게 머릿속의 과정만이 문제가 되는 것이다. 그러나 같은 머릿속의 일일지라도 컴퓨터처럼 그저 가르친 내용을 충실하게 기억하여 지시한 대로 그것을 조작하는 것만으로는 진실로 머리가 좋다고 할 수 없다. 가르치지 않은 것들을 창조하고 새로운 상황에 적응할 수 있는 응용력이 뒤따라야 한다.

암기 중심의 테스트에 강한 '학교 수재'가 반드시 머리가 좋다고 평가할 수 없는 것은 응용력이나 창조력이 문제가 되기 때문이다. 그렇다면 지금까지 머리를 측정하는데 유일한 척도라고 믿어온 지능 테스트가 '창조적 능력'을 전혀 측정하지 못했다는 결점을 깨닫게 될 것이다.

'IO'로는 창조적 능력을 측정할 수 없다

앞으로의 사회에서 가장 중요한 능력의 하나는 창조적 능력이라고 말하고 있다. 이것을 측정하지 않고 머리가 좋으냐 나쁘냐를 문제 삼는 것은 전혀 의미가 없다.

미국의 심리학자 길포트는 미국의 심리학회 회장으로 있을 때 일찍부터 이 점을 지적하여 지능 테스트의 만능주의를 경고했다. 그로부터 많은 세월이 흐른 지금 우리나라에서도 이 점을 문제 삼는 사람이 많아졌다. 그런데도 아직까지 일반인들은 IQ에 휘둘리고 있다. 이러한 현실은 바로잡아야 하지 않을까?

또 한 가지, 우리가 문제 삼아야 할 것은 인간의 머리가 시간과 함께 변화한다는 사실이다. 이것은 컴퓨터를 예로 들면 쉽게 알 수 있다. 컴퓨터의 경우 한 번 짜놓은 하드웨어는 회로의 고장이나 증감이 없는 한 몇 년이 지나도 같은 위력을 갖는다. 그러나 인간의 머리는 한 번 짜놓은 것이라도 계속 사용하지 않으면 얼마 되지 않아 점차 위력을 잃게 된다.

그것보다도 더욱더 중요한 것은 인간 머리의 하드웨어가 컴퓨터와 같이 탄생되는 순간에 모두 완성되는 것이 아니라는 점이다. 지능 테스트의 경우 인간이 지니는 천성적인 지적 능력을 측정한다는 점을 지나치게 부각시켰기 때문에 지능은 일생 동안 변하지 않는다는 이미지가 너무나 강하게 굳어져버렸다. 그러나 이러한 생각은 잘못된 것이다.

아이의 두뇌는 얼마든지 발전한다

오늘날에는 인간의 지능이 어릴 때의 다양한 체험이나 환경의 영향을 받아 발전하기도 하고 정체하기도 한다는 생각이 상식이 되어버렸다.

일례를 들면 톰프슨과 론이라는 학자는 스코치 테리어(개의 한 품종)를 이용한 실험에서 다음과 같은 대단히 흥미 있는 보고를 하고 있다. 그들은 강아지를 두 그룹으로 나누어 한 그룹은 생후 8개월까지 좁은 우리에서 기르고, 다른 그룹은 펫(애완용 동물)으로서 자유로운 환경에서 길렀다. 그 뒤 10개월 동안은 두 그룹을 같은 환경(실험실)에서 기른 후 18개월째에 여러 가지 문제를 주어 테스트를 해보았다. 길을 돌아서 가는 것이라든가, 칸막이 뒤에 감춰둔 먹이를 찾게 하는 테스트였는데 그 결과는 확실히 자유롭게 길러진 개 쪽이 뛰어났다.

이와 같은 실험 결과에서 추측하거나, 다른 인간에 관한 관찰에서 추측해 보면 머리가 좋으냐 나쁘냐는 선천적으로 결정된다기보다 성숙(成熟)과 학습이 서로 얽혀 발달되어 가는 유동적인 것이라고 생각하는 편이 훨씬 자연스럽다.

다른 서적이나 논문 등에서도 소개된 바와 같이 인간의 두뇌 발달은 어린아이일 때 급속도로 진행되어 간다. 인간의 고등 정신 활동은 말할 것도 없이 대뇌피질에서 행해져 그 기능이 머리의 좋고 나쁨을 결정하는 것이지만, 그 뇌의 기능은 140억 개라고 하는 방대한 뇌세포로부터 돌기가 나와 이것이 복잡하게 서로 결합하고 얽혀감으로써 발휘된다고 한다.

그 뇌세포가 서로 얽히는 일의 60퍼센트가 이미 3세 정도에 완성된다고 하니 참으로 놀라운 일이다. 그러나 이러한 뇌세포의 결합은 취학 전의 6세 전후와 10세 전후에 다시 급커브를 그리면서 진행된다. 초등학교 졸업 때까지 인간의 대뇌는 약 90퍼센트까지 완성된다. 그 후에도 서서히 진행되어 17, 8세부터 늦어도 20세까지 인간의 뇌의 발달은 절정에 이르러 하드웨어로서의 뇌가 완성되는 것이다. 그러나 우리가 이 책에서 문제로 삼는 것은 뇌가 가장 빠른 속도로 발달하는 초등학교 입학까지의 시기다. 이 시기에 어떠한 교육적 환경이 주어지는가에 따라서 머리의 좋고 나쁨이 결정되기 때문이다.

어머니만이 아이의 머리를 바꿀 수 있다

그러면 누가 아이의 머리를 좋게 해줄 수 있는가? 그것은 언제나 아이의 곁에 있고 아이를 돌봐주는 사람이 될 것이다. 다시 말하면 대개 어머니가 그 자격을 갖는 유일한 사람이다. 그런 의미에서 아기가 태어나는 순간부터 어머니는 양 어깨에 커다란 책임을 짊어진다고 할 수 있다.

이렇게 말하면 어머니들 중에는 아이를 튼튼하게 기르는 것만으로도 힘겨운데 그러한 무거운 책임까지 짊어져야 하느냐고 뒷걸음질치는 사람이 있을지도 모른다. 그러나 결코 힘든 일은 아니다. 단지 어머니들이 평소에 아이들에게 해주고 있는 일을 약간 신경 써서 의도적으로 해주기만 하면 그것으로 충분하다.

중요한 것은 아이들의 머리를 좋게 하는 원리나 방법을 어머니들이 우선 알아야 한다. 그것을 지금부터 말하고자 한다. 내가 말하고자 하는 것의 본질을 이해시키기 위해 우선 하나의 구체적인 예를 들어본다.

나가노 현의 산골에 사는 아이코는 올해 다섯 살로 내년에는 초등학교에 들어갈 예정이다. 그런데 아이코는 아직 변변히 말도 못할 뿐만 아니라 남의 말도 충분히 이해하지 못한다. 흔히 말하는 지진아다. 이 아이는 네 살 때 귀가 잘 들리지 않는다는 사실을 알게 되었는데 문제는 바로 여기에 있었다.

아이 머리의 기능에서 말의 발달이 얼마나 중요한 의미를 갖고 있는가를 이 아이의 어머니는 알지 못했을 것이다. 그렇기 때문에 이상하다 이상하다 하면서도 네 살까지 방치해 두었던 것이다. 물론 산간벽지에 산다는 것도 불운이라면 불운이었다. 그러나 만일 아이코의 어머니가 아이 뇌의 발달에서 말이 수행하는 역할이 크다는 사실을 알고 있었다면…… 하고 돌아오지 않는 시간을 후회하는 것은 나뿐만이 아닐 것이다.

아이코의 어머니는 아이가 잘 듣지 못한다는 사실을 발견했을 때 곧 보청기를 착용시켜 어머니와의 언어 소통에 지장을 받지 않도록 했어야 했다. 그렇게만 해주었다면 아이는 아무것도 잃어버리지 않고 무럭무럭 자랐을 것이다.

아이코는 지금부터라도 부지런히 다른 아이들의 뒤를 쫓아가리라고 기대하지만 이런 예를 볼 때마다 우리 어른들의 책임이 무거움을 통감하지 않을 수 없다.

머리를 좋게 하는 것도 나쁘게 하는 것도 궁리하기 나름이다

그런데 아이와의 언어 소통에 지장을 받지 않는다고 해서 안심해도 되는가 하면 반드시 그렇지만도 않다. 예를 들면 우리는 유원지 등에서 이런 대화를 나누는 어머니와 아들을 흔히 본다.

"그쪽으로 가면 안 돼."

"어째서요?"

"위험하니까."

"왜 위험해요?"

"왜냐하면 난간이 썩었기 때문이지. 잡으면 떨어진단다."

"떨어지면 왜 안 돼요?"

"다치기 때문이지. 너는 아픈 걸 싫어하잖니?"

똑같은 상황에서 어떤 어머니는 아이와 이런 대화를 나눌지도 모른다.

"그쪽으로 가면 안 돼."

"어째서요?"

"넌 이제 다 컸잖니?"

"다 컸으면 어째서 가면 안 돼요?"

"안 된다면 안 되는 거야. 엄마 말을 안 들으면 다음부터는 데려오지 않을 테다."

"그렇지만…… 어째서 안 되는지 가르쳐주세요."

"넌 참 고집이 세구나. 나도 이젠 모르겠다."

아마도 이 두 어머니는 아무 생각 없이 아이와 말을 주고받았을 것이다. 그러나 그 결과는 어떠한가?

처음 어머니의 경우에는 왜, 어째서라는 아이의 물음에 가능한 한 아이가 납득할 수 있도록 자세히 설명해 주려 하고 있다. 그 아이는 어머니와의 대화를 통해 어머니가 어째서 자기의 자유로운 행동에 제한을 가하는가 그 이유를 알 수 있고, 나름대로 지시를 어겼을 때의 결과를 예상할 수 있다. 다시 말하면 이러한 대화를 통해 논리정연하게 이야기하는 방식이나 논리적인 사고를 배울 수 있는 것이다.

반면에 두 번째 어머니의 경우에는 아이의 의문에 대해 대답을 해주지 않고 다만 그 행동을 금지하고 위협함으로써 어머니의 의지에 따르도록 하려 하고 있다. 아이는 이유를 듣지 못한 채, 다시 말하면 납득이 가지 않은 채 어머니의 말에 따를 수밖에 없다. 이와 같은 방법을 되풀이하고 있는 동안에 아이는 이유를 질문하는 것을 그만두고, 타인의 말에 무비판적으로 따르는 습관이 몸에 배는 것이다.

어머니는 '교육의 조종자'다

이렇게 말하면 즉시 자녀 교육에 극성스러운 어머니를 예찬하는 것이라느니, 영재 교육을 장려하는 것이라고 눈에 쌍심지를 켜는 사람이 있을지도 모르겠다. 어차피 곧 입시 경쟁에 휩쓸리게 될 테니까 어릴 때만큼은 그대로 놔두라고 하면서 말이다. 그러나 과연 그것이 올바른 주장일까.

내가 이 책에서 기술하고자 하는 것은 결코 주입식 교육 방법이 아니다. 평소 어머니들이나 주위의 어른들이 일상생활 속에서 무의식적으로 행하는 것의 의미를 되물어 좀 더 깊이 생각함으로써 새로운 숨결을 불어넣자는 것이다.

아이를 자유롭게 내버려두라고 주장하는 사람은 나의 주장에 따르면 어른이 당연히 하지 않으면 안 되는 최소한의 노력을 게을리하고, 아이에게 바람직하지 않은 교육 방침 아래서 반대로 적극적으로 교육하고 있는 것이 될지도 모른다. 내버려둔다고 해서 아이에게 아무것도 하고 있지 않다는 것을 의미하는 것은 아니다.

그러면 도대체 아이의 머리를 좋게 하기 위해서는 어떻게 해야 하는가? 그 구체적인 내용은 차례대로 전개해 가겠지만 우선 어머니들에게 부탁하고 싶은 것은, 어머니들이 반드시 '교육의 조종자'가 되어 달라는 것이다. '조종자'라고 말하면 어떤 어머니는 자녀 교육에 극성스런 어머니를 연상할지도 모르겠다. 그러나 여기서 말하는 조종자는 일절 주입도, 강압도 하지 않는 사람이다.

주입하거나 강압하지 않아도 아이가 자발적으로 공부를 진척시켜 가거나 또는 그렇게 하지 않을 수 없도록 만드는 것이야말로 조종자다운 조종자인 까닭이다.

면학(勉學)이라는 말이 배움에 힘쓴다는 뜻을 지닌 것처럼 종래의 인간관·교육관은 인간을 본래 나태한 존재로 보았다. 그래서 방치해 두지 말고 매질을 하거나 먹이를 주거나 하여 어떻게든 원하는 방향으로 동기 부여를 해야 한다는 것이다.

이와 같은 인간관에 정면으로 반대하여 아이의 자발성을 적극적으로 인정함으로써 교육 조종자에 투철하고자 했던 위대한 교육자가 있다. 바로 이탈리아의 몬테소리 여사다.

무리하게 강요해도 효과는 없다

본문에서도 때때로 언급하겠지만 마리아 몬테소리 여사는 다음과 같은 신념을 가지고 있었다.

'아이를 강제로 공부시켜서도 안 되고, 또 그럴 필요도 없다. 아이의 흥미에 맞게 구조적으로 고안된 교재만 준다면 아이는 혼자서 배워간다.'

우리나라에서는 여러 가지 역사적인 사정 때문에 이러한 교육 방법이 충분히 평가되고 있지 않다. 그러나 몬테소리 방식으로 교육받고 있는 아이들을 보면 여느 유치원에서처럼 떠들썩하지 않다. 작은 아이든 큰 아이든 제각기 독립적으로 조용히 공부하고 있다.

뿐만 아니라 때에 따라서는 어린아이가 몇 시간씩이나 공부에 열중해도 전혀 싫증을 내지 않는다. 아이는 싫증을 잘 낸다는 고정관념을 가진 어른이 보면 이것은 참으로 기적적인 일일 것이다. 사실 몬테소리 방식이 비난을 받는 것도 어린이답지 않은 이러한 조용함에 있다. 그러나 어쨌든 그 자발성을 존중하고, 그것을 실현한 교육 조종자로서의 솜씨는 몬테소리 여사의 훌륭한 이론과 함께 높이 평가되어야만 한다고 생각한다.

이와 같은 자발성의 존중 외에도 내가 말하는 '조종자' 라는 말 속에는 아직 여러 가지 내용이 포함되어 있다.

우선 어머니들에게 바라는 것은 민감한 관찰력을 길러야 한다는 것이다. 그것은 결코 어려운 일이 아니다. 예를 들면 아기의 울음소리를 듣고 그 의미를 분간하는 어머니의 날카로운 청각은 누구나 각별한 노력 없이도 자연히 배워 익힐 수 있다. 마찬가지로 아이의 움직임에 좀 더 주의를 기울이면 아이가 지금 무엇에 흥미를 갖고 있는가, 무엇을 하고 싶어하는가를 알 수 있다. 내가 관찰력을 길러 달라고 하는 의미는 바로 이와 같이 아이 마음의 움직임을 알아채는 시력을 가지라는 것이다.

이렇게 되면 부모는 여러 가지 '조종' 을 할 수 있다. 즉 아이가 문자에 흥미를 느끼고 있는 것 같으면 아이가 자습할 수 있는 환경을 만들어주기만 하면 된다.

어떤 어머니는 아이가 문자에 흥미를 가지고 있는 것을 재빨리 발견하고 아이 주변에 있는 물건에 '텔레비전' 이니 '책상' 이니 하는 글자를 달아놓았다. 그랬더니 아이는 힘들이지 않고 그 글자를 외워버려 나중에는 자기 스스로 책을 읽는 등 계속해서 혼자 힘으로 공부를 진척시켰다고 한다.

이런 식으로 조종자에게 필요한 것은 관찰력과 동시에 '조종'을 위한 아이디어다. 이 책은 그 아이디어에 대한 힌트를 충분히 제공할 것이다.

어머니들이 내가 말하는 '교육의 조종자'만 되어준다면 아이의 머리는 틀림없이 좋아질 것이다. 문제는 아이의 머리에 적절하고 유효한 자극을 주어 아이가 자발적으로 머리를 써서 생각하도록 계획을 짜는 일이다. 그리고 아이가 생각할 수 있는 기회는 특별히 애쓰지 않아도 언제 어디서나 손쉽게 만들어낼 수 있다. 어머니에게 필요한 것은, 간단한 아이디어와 여러 가지로 궁리하는 마음이다. 이 책이 그것을 위한 힌트나 기초 훈련을 어머니 대신 해줄 테니 이 얼마나 반가운 일인가.

첫째
마당

한 마디의 말이
아이의 머리를 결정한다

첫째 마당을 시작하면서

머리의 기능은 마음먹기에 달려 있다

'병은 마음에서 온다.' 는 말이 있다. 마찬가지로 아이의 머리를 좋게 하기 위해 우선 부모가 생각해야 할 것은 아이가 마음먹기에 따라 머리가 좋아질 수도 있고 나빠질 수도 있다는 것이다. '아이의 머리도 마음먹기에 달려 있다.' 는 말이다. 예컨대 이런 실험을 한 적이 있다.

우선 아이들의 지능을 테스트하여 각각의 지능지수를 산출한다. 그 다음에 아이들에게는 안 된 일이지만 좌절을 일으킬 만한 실험 조건을 만들어낸다. 예를 들면 테스트 시간을 일부러 단축하여 아이가 문제를 풀 수 없게 만든 다음 '너는 수재라고 하던데 생각보다 그렇지 못하구나.' 라는 식으로 아이를 마구 조롱하는 것이다.

그러면 대부분의 아이들은 눈에 띌 정도로 볼멘 얼굴이 되거나 말없이 고개를 떨구고 반항적인 태도를 나타내게 된다. 그러면 '어차피 이 문제는 못 풀 테니까 다른 문제를 풀어보자.' 라고 말하며 앞의 지능 테스트에서 풀었던 문제와 똑같은 것을 풀어보게 한다. 결과는 예상했던 대로다. 조금 전까지 문제를 잘 풀었던 아이가 바로 이 아이인가 싶을 정도로 한결같이 '겉보기의 IQ' 가 저하된 것이다.

실험당하는 아이로서는 참기 어려운 일이다. 그러므로 실험을 끝내면 아이에게 실험 목적을 잘 설명하여 욕구 불만을 해소시켜 준 후 돌려보내야 한다. 아무튼 이러한 실험 결과가 일시적이라 할지라도 마음을 어떻게 갖느냐가 머리의 작용에 커다란 영향을 미친다는 것을 알 수 있다. 반대로 아이를 격려하고 자신을 갖게 하면 테스트의 성적은 현저히 올라간다.

물론 지능지수의 높낮이로 머리의 좋고 나쁨을 판정할 수는 없다. 마작을 해본 사람이라면 이러한 점을 경험한 적이 있을 것이다. 운이 나쁘다고 불끈 화를 내면 머리가 점점 느리게 돌아가 엉뚱한 실수를 하거나 사소한 일에 신경을 쓰다가 크게 패하고 만다. 또한 오늘은 왠지 질 것 같다는 마음으로 게임에 임하면 이상하게도 그 게임을 이길 수 없다. 좌절감 때문에 자기 자신도 모르는 사이 상황에 적응하는 머리의 유연성이 없어졌기 때문이다.

심리학자끼리 마작을 한다면 역시 전문가들인 만큼 이 원리를 응용한 심리 작전을 처음부터 마지막까지 전개하여 대단히 활기찰 것이다. 조금이라도 패배에 이를 것 같으면 상대방에게 위압적인 태도로 이렇게 겁을 주기 시작한다. '넌 역시 서툴러.' '마작을 몇 년 했지?' 상대방의 이러한 도발에 넘어가 냉정을 잃게 되면 결국 이길 수 없다. 마작을 심리 게임이라고 말하는 까닭도 여기에 있다.

어쨌든 문제에 직면했을 때엔 여러 각도에서 냉정하게 생각해야 비로소 해결의 수단을 발견할 수 있다. 냉정한 사람은 당면한 상황을 정확히 파악할 수 있고 진정한 문제점이 무엇인가를 판별하여 그 대처 방법도 찾게 된다. 그러나 욕구 불만이나 열등감, 불안감 등 감정적으로 불안정한 상태나 흥분 상태에 빠지면 그 누구든 눈앞에 있는 해결의 실마리조차 붙잡을 수 없다.

어머니의 한 마디가 아이의 머리를 결정한다

이와 같은 머리의 작용과 심리 상태의 메커니즘을 생각하면 머리 좋은 아이로 기르기 위해 부모가 무엇을 해야 하는가가 저절로 명백해진다. 머리가 좋아지기 위한 제일 중요한 조건은 자기가 직면한 상황에 유연하게 대응하여 복잡한 속에서도 냉정히 해결의 실마리를 찾는 것이다. 그러기 위해서는 무엇보다도 아이의 마음을 머리가 움직이기 쉬운 상태로 만드는 것이 중요하다.

그러나 대부분의 부모들은 학교의 성적이나 진학 경쟁과 같은 눈앞의 일에만 마음을 빼앗겨 이와 같은 점을 배려하지 않는 것 같아 염려스럽다. 아이가 나쁜 성적을 받아오면 다른 사람 앞에서든 어디든 장소에 상관없이 마구 꾸짖고, 너는 멍청이라느니 머리가 나쁘다느니 하는 말을 서슴지 않고 한다. 이와 같은 부모의 한마디 한 마디가 바로 아이에게서 자신감을 빼앗고, 아이 머리의 작용을 억눌러 능력을 저하시키는 것이다. 나쁜 것은 아이의 머리가 아니라 머리의 작용을 파괴하고 억압해 버리는 부모의 부주의한 한 마디다.

특히 아이에게 있어서 어머니는 절대적인 존재다. 어머니가 자녀의 머리가 좋다는 것을 믿고 때때로 격려하고 칭찬하며 자신을 갖도록 해주면 아이 자신도 놀랄 만큼 머리의 회전이 빨라지고 어려운 문제를 척척 해결할 수 있게 된다.

나는 유치원 때부터 초등학교 때까지 결코 성적이 좋은 편이 아니었다. 오히려 열등생에 가까웠다. 그러나 내 머리가 나쁘다는 생각은 한 번도 한 적이 없다. 어머니가 불어넣어 준 자신감이 나를 떠받쳐주었고, 부지불식간에 내 머리가 좋다고 생각하고 자기의 발로 걸을 수 있는 사람으로 자라났기 때문이다.

첫째 마당에서는 어떻게 하면 아이에게 자신감을 심어주고 머리의 기능을 활발하게 해줄 수 있는가를 살펴보기로 한다. 우선 누구나 간단히 할 수 있는 말로 암시를 주는 문제로부터 생각해 보고자 한다. 칭찬을 하든, 꾸짖든 이러한 말에 따라 아이의 기분은 어떤 모양으로든 바뀌게 된다. 아이가 자기의 머리가 좋다는 것을 믿기만 하면 밤늦게까지 책상 앞에 앉아 공부를 하지 않더라도 학교의 성적이 두드러지게 향상될 것이다. 아이에게 미래의 가능성을 믿게 하여 자신감을 갖게 하면 당신의 아이는 틀림없이 당신의 기대에 응답해 줄 것이다.

'너는 머리가 좋다.'고 반복해서 말하면 정말로 머리가 좋아진다

　나는 각계의 유명인사를 대상으로 유아기의 체험을 듣는 <유아기의 회고>라는 기사를 어떤 잡지에 연재한 적이 있다. 그런데 그들의 이야기를 듣고 어떤 공통된 사실을 발견했다. 그들은 어릴 때부터 되풀이하여 '너는 머리가 좋다.' '너는 장래에 위대한 사람이 될 것이다.' 라는 말을 들으며 자랐다는 것이다.

　예컨대 장기가 9단인 마스다 고조 씨는 자신의 유아기를 이렇게 회상하고 있다.

　"당시 관상가의 말을 그대로 믿었던 어머니가 나에게 '말년에는 거물이 될 것이다, 장군이 될 것이다.' 라고 늘 말씀하셨습니다. 그래서 나도 모르게 그렇게 될 것이라는 느낌이 들었던 것입니다. 아무것도 하지 않아도 저절로 장군이 될 것이라고 생각했던 것이지요."

　이것은 심리학에서 말하는 암시 효과의 일종으로 특히 아이에게 위력을 발휘한다. 유명인사의 어머니들은 부지중에 이와 같은 암시 기법을 사용하여 아이들의 두뇌에 영향을 주었던 것이다.

그러나 반면에 '너는 어째서 그렇게 머리가 나쁘니?' 하고 입만 열면 잔소리를 하는 어머니가 얼마나 많은가. 늘 가까이에 있는 어머니로부터 이와 같은 암시를 받고 있다면 앞으로 성장하려던 두뇌도 둔해져 정말로 머리가 나쁜 아이로 자랄지도 모른다.

'너는 머리가 좋다.' 느니 '너는 머리가 나쁘다.' 느니 하는 두 가지 말의 조그마한 차이가 장래 그 아이가 머리가 좋은 사람이 될 수 있는가 없는가의 열쇠를 쥐고 있는 것이다.

언제나 '스스로 한다.' '스스로 생각한다.'고
소리 내어 말하게 하면
생각하는 태도가 몸에 밴다

앞에서 언급한 암시 효과는 어느 정도 나이가 든 아이라면 소리 내어 자기 자신을 향해 말하게 함으로써 한층 더 효과를 발휘할 수 있다. 왜냐하면 인간의 심리에는 자기가 한 말에 의해 자신의 행동을 규제하는 경향이 있는데, 아이들에게도 예외는 아니기 때문이다.

예를 들면 우리는 평소 어떤 복잡한 문제에 직면하면 '저것은 이렇게 하고, 이것은 저렇게 하고' 하며 무의식중에 중얼거린다. 또 전차의 운전기사에게 '출발, 진행, 정지' 등의 구령을 의무적으로 말하도록 한 것도 이렇게 말함으로써 자기의 행동이나 조작을 확인하고 착오를 방지하기 위한 것이다. '나는 천재다.' 라고 외침으로써 슬럼프에서 빠져나온 작가나 시합 전에 '반드시 이긴다.' 라고 공인하여 세계 챔피언의 자리까지 획득한 복서의 이야기 등도 잘 알려져 있다.

이와 같은 자기 암시의 효과는 당연히 아이들의 사고 활동에도 응용될 수 있다. 다시 말하면 언제나 '나는 스스로 생각한다.' '스스로 한다.' 라고 소리 내어 말하도록 지도하는 것이다. 그러면 아이의 무의식적인 힘이 자연히 현실적으로 잘 생각하는 아이, 스스로 생각하는 아이로 키워줄 것이다. 마음속으로 막연하게 그렇게 생각하는 것보다는 말로 표현함으로써 보다 명확하게 자기의 태도를 규제할 수 있다.

부모가 이 아이는 어딘가 쓸모가 있다고 생각하면 아이는 향상된다

심리학자 로젠솔이 행한 유명한 실험에 다음과 같은 것이 있다. 교사 다섯 명에 학생 한 명의 비율로 하여 임의로 학생을 선정하여 그들의 성적이 오를 것이라고 선언하고, 교사 자신도 적극적으로 그것을 믿으려고 했다. 그랬더니 얼마 지나지 않아 정말로 그 학생들의 성적이 향상되었다. 로젠솔은 이러한 현상을 '피그말리온 효과'라고 명명했다. 피그말리온이란 그리스 신화에 나오는 키프로스 왕에 관한 이야기로, 키프로스 왕은 조각으로 만든 미녀를 진짜 인간처럼 사랑하여 드디어는 이 조각을 살아 있는 미녀라고 믿기 시작했다. 이것을 본 신이 그를 가엾게 여겨 조각에 생명을 불어넣어 인간으로 만들어주었다는 것이다. 요컨대 이 피그말리온과 같이 처음에는 기대한 대로의 상대가 아니더라도 그렇게 될 것임에 틀림없다고 마음속으로 믿고 그와 같이 행동하면, 상대도 자기가 기대한 대로 변한다고 하는 불가사의한 작용이 인간의 마음에서도 일어날 수 있다는 것이다. 이것은 인간이 어디까지나 대인 관계 속에서 사는데다가 자기를 진정으로 믿고 기대해 주는 사람이 있으면 그 사람의 기대에 가장 예민하게 반응하기 때문이다.

최근에 나의 친구인 사카모토 다카시 동공대(東工大) 교수도 이렇게 말하고 있다. 장래의 성적을 예측하는 테스트를 하고, 그 결과에서 무작위로 몇 명의 '성적이 좋은 아이'를 지명하여 교사가 그렇게 생각하면 확실히 그 테스트가 적중했다는 것이다. 마찬가지로 어떤 아이든 부모가 '성적이 좋은 아이'라고 생각함으로써 실제로 성적이 향상되는 '피그말리온 효과'를 기대할 수 있다.

생각지도 않던 일로 칭찬을 받으면 자신감은 두 배로 늘어난다

어른과 아이의 구별 없이 인간은 칭찬을 받으면 기뻐하지만, 어떤 일로 칭찬을 받았는가에 따라서 그 기쁨의 정도는 크게 달라진다. 가령 소설가가 문장에 대해 칭찬을 받으면 그 기쁨은 별것이 아니지만, 골프를 잘 친다는 칭찬을 받으면 무의식중에 기뻐서 입이 벌어진다.

전자는 자기도 인정하고 있는 장점을 칭찬받는 경우고, 후자는 자기가 별로 깨닫지 못하고 있는 점을 지적한 경우로 기쁨은 후자 쪽이 훨씬 크다. 말하자면 자기의 세계가 확대된 기쁨이 있는데, 이것이 자신감을 낳고 흔히 골프뿐만 아니라 소설에도 좋은 영향을 주는 것이다.

나도 초등학교 때 이와 비슷한 경험을 한 적이 있다. 부모님이나 선생님도 어찌할 도리가 없는 장난꾸러기였던 나는, 언제나 꾸중만 들어 열등감에 사로잡혀 있었다. 그러던 어느 날 나는 선생님에게 내 장난이 매우 독창적이라는 칭찬을 받았다. 이런 독창적인 장난을 할 수 있는 아이가 학교공부를 못할 리 없다는 칭찬까지 받은 나는 당연히 내 머리에 자신감을 갖게 되었다. 그 후 특별히 열심히 공부한 것도 아닌데 학교 성적이 눈에 띄게 향상되었다. 이것을 보고 칭찬해 준 선생님도 놀라지 않을 수 없었다.

아이를 칭찬할 때에는 아이가 깨닫지 못하고 있는 점을 지적하여 칭찬하는 것이 가장 좋다. 이것이 자신감을 낳고 모든 면에서 좋은 결과를 가져오기 때문이다.

아이의 앞에서뿐만 아니라 없는 데에서도 칭찬해 준다

한밤중에 눈을 떠보면 작은 목소리로 이야기하는 부모님의 목소리가 들린다. '저 아이는 참으로 훌륭해요. 나는 감탄했어요.' 낮에 있었던 일을 어머니가 아버지에게 말하고 있는 것이다. 자기에 관한 일이 화제가 되고 있고, 자기를 칭찬하고 있다.

그리고 시골에 계신 할머니가 돌아가신 후에 어머니가 '할머니께서 네 그림 솜씨가 아주 훌륭하다고 하시더구나.' 하고 이야기한다.

이와 같은 간접적인 찬사는 아이를 예상 외로 발분시켜 능력을 더욱 향상시킨다. 눈앞에서가 아니라 아이가 없는 데에서 칭찬하는 것은 상대에 대한 아첨이 아닌 객관적인 평가를 반영하고 있기 때문에 아이에게 진실성을 느끼게 해준다.

아이가 실패했을 때 칭찬하고 나서 꾸짖으면
다시 한 번 해보려는 마음을 갖게 된다

아이를 설득하는 훌륭한 방법의 하나로써, 심리학에서는 흔히 감화(感化)=정보(情報)=감화라는 말을 사용한다. 요컨대 설득하기 위한 정보를 상대에게 전할 때에는 곧장 부딪치지 말고 앞뒤를 '감화'라는 오블라토(oblato, 녹말로 만든 반투명의 얇은 종이 모양의 물건. 끈적거리는 사탕이나 약을 먹기 좋게 만드는 데 씀)로 감싸라는 것이다.

예를 들어 뭔가에 실패한 아이를 꾸짖을 경우를 생각해 보자. 아이를 설득할 줄 모르는 부모는 어째서 실패했는가, 어디서 실패했는가를 무작정 아이에게 가르치려고 한다. 말하자면 무조건 야단치는 것이다. 이럴 경우 아이는 실패의 원인을 생각하기보다는 반항심이나 반감이 앞서 아무리 큰 소리로 꾸짖어도 설득되지 않는다.

반대로 설득하는 솜씨가 뛰어난 부모는 우선 '그래 잘했다.' '대단히 수고했다.'라고 칭찬한다. 이것이 앞에서 말한 '감화'다. 그 다음에는 천천히 어째서 실패했는가를 지적하고 '조금만 더 주의

하면 훨씬 성적이 향상될 것이다.' 라고 격려하며 매듭짓는다. 이렇게 한다면 똑같은 질책이라도 아이는 자기 머리로 실패의 원인을 생각하고 또다시 실패하지 않기 위해서는 어떻게 해야 하는가를 적극적으로 생각하게 된다. 이와 같은 질책 방법이야말로 아이를 진보시키게 하는 것이다.

이 점에서 나에게 언제나 감동을 주는 사람이 있다. 바로 <가족노래자랑>의 심사위원을 하고 있는 다카기 도로쿠 씨다. 그는 참으로 재치 있게 이 감화=설득=감화의 설득 방법을 사용하여 출연자의 결점을 지적하고 격려한다.

꾸짖을 때에는 입장을 바꿔서 생각하게 한다

사람을 잘 부리는 상급자는 부하의 실수를 절대로 나무라지 않는다. 여기에는 말이 갖고 있는 마력도 큰 힘을 발휘한다. 우선 첫째로 부하의 실수에 대해 '아냐, 내 지시 방법도 나빴어. 자네의 책임만이 아닐세.' 라고 말한다면 누구라도 순순히 반성하려는 마음을 갖게 될 것이다. 그러한 마음은 다음에는 절대로 실패하지 않겠다는 의욕으로 나타난다.

뿐만 아니라 이와 같은 질책 방법은 상급자가 부하의 행동을 상급자의 문제로 바꿔서 이야기함으로써 부하 직원이 자기의 행동을 객관적으로 생각하게 하는 계기가 된다. 인간은 누구나 자기를 객관적으로 볼 수 있어야 비로소 자주적으로 생각하게 되고 자신의 행동을 고쳐가는 것이다.

자기를 객관적으로 보는 것이 서툰 아이에게 '그런 일을 하지 마라.' 라고 금지하거나 명령하는 질책 방법은 금물이다. 이것은 부모에 대한 반항이나 할 수 없이 따르는 기계적인 복종, 공연히 큰 소리로 울부짖는 퇴행 현상을 낳을 뿐이며, 아이가 자주적으로 사고하는 기회는 되지 않는다.

아이가 실수를 하거나 실패를 하여 꾸짖을 때에는 사람을 잘 설득하는 상급자 식으로, 우선 실패의 원인을 부모의 탓으로 돌려야 한다. '엄마가 잘못 가르쳐줬구나.' '아빠의 설명이 부족했어.' 라고 말하면 아이는 고분고분해지고, 자기의 행동을 객관적으로 생각하게 하는 습관을 들이게 될 것이다. 시끄럽게 꾸짖거나 잔소리를 하는 부모 밑에서 머리 좋은 아이가 나오지 않는 것도 이 때문이다.

지나친 칭찬은
도리어 아이의 머리를 나쁘게 한다

《꾸짖기보다 칭찬하자》는 책이 널리 읽히고 있는 것처럼 현대는 '칭찬하는 교육'의 전성시대다. 많은 심리학자들이 연구한 바에 따르면 칭찬이 아이의 자신감을 기르고 적극적인 동기 부여를 한다는 것이 실증되고 있다.

이 책에서도 칭찬의 효용성을 주장하고 있지만 여기서 주의해야 할 것은 '지나친 칭찬'은 오히려 해롭다는 것이다. 심리학자 H. G. 지노트의 연구 결과에 따르면 '아이가 지나친 칭찬을 받으면 그 찬사에 부적합한 자신의 행동이 탄로나지는 않을까 하고 도리어 불안해진다.'고 보고하고 있다. 지나친 칭찬이 아이의 두뇌에 좋은 영향을 미칠 리 없는 것이다.

또한 지나친 칭찬은 아이를 불안하게 할 뿐만 아니라 응석받이로 만들고 자발적인 사고를 하기 어렵게 만들 수도 있다.

한 가지라도 자신 있는 일을 만들어주면
다른 면에서도 몰라보게 신장한다

소니 회장인 이부카 마사구 씨는 전후 일본 경제의 대표주자로서 널리 알려져 있지만 유아 교육의 추진자로서도 잘 알려져 있다. 나는 그 이부카 씨가 장남의 초등학교 시절에 대해 이야기하는 것을 들은 적이 있다.

그의 장남은 발육이 늦어 초등학교에 입학할 때에는 열등생이었는데 갑자기 바이올린을 배우고 싶다고 말했다. 그래서 바이올린을 가르쳤더니 흥미를 느꼈는지 제법 실력이 늘어 학예회에서 바이올린을 연주하게 되었다. 친구들 앞에서 훌륭하게 바이올린을 연주한 그 아이는 친구들과 선생님에게 칭찬을 받았다. 그때부터 장남의 콤플렉스는 어디론가 사라져버리고 학교 성적도 두드러지게 향상되었다는 것이다.

이것은 '나도 할 수 있다!'는 자신감을 가짐으로써 다른 면에서도 좋은 결과를 가져온 좋은 예다. 아무리 사소한 일이라도 다른 아이보다 뛰어나다는 자각을 갖게 하는 것은 두뇌 발달에 매우 좋은 영향을 준다. A를 할 수 있으니 B를 못할 리 없다고 하는 일종의 자기 암시가 자신감으로 이어져 그것이 좋은 자극이 되어 다른 면에도 좋은 결과를 초래하는 것이다.

최근에는 무엇이든 일단 무난하게 해치우는 평균점적(平均點的)인 아이가 늘고 있다. 그러나 그래서는 어떤 한계 이상은 향상되지 않는다. 무엇인가 하나만이라도 자신 있는 것을 만들어주어야 한다.

좋은 성적을 받았을 때
부모가 당연한 듯한 표정을 짓는 것도 필요하다

아이가 유치원이나 초등학교에서 좋은 성적을 받아오면 자신도 모르게 기뻐서 칭찬해 주는 것이 부모의 마음이다. 그러나 아이가 더욱 발달하기를 바란다면 이때 꾹 참고 당연하다는 듯한 표정을 지어보이는 것도 한 가지 방법이다.

아이뿐만 아니라 어른 또한 칭찬을 받으면 그것으로 만족해 버려 더 이상 노력하지 않는 경향이 있다. 아이가 지적 성장을 계속하기 위해서는 아이 자신이 현재의 성과에 만족하지 않고 더 높은 목표를 향해 계속 노력하는 것이 무엇보다도 중요하다. 부모의 '당연하다는 듯한 표정'은 아이가 더 높은 목표를 향해 나아가도록 가르치는 것이고, '네 능력이라면 당연히 좋은 성적을 얻을 수 있다.'는 격려로 이어진다. 이것은 좋은 성과를 굳이 부정함으로써 '나도 하면 더 잘할 수 있다.'라는 자신감을 아이에게 심어주려는 암시의 일종이다.

전에 로스앤젤레스 올림픽 수영 경기에서 2위를 한 마에하타 히데코 선수는 다음의 베를린 대회에서는 금메달을 땄다. 히데코 선수는 도쿄 시장 나가타 히데지론 씨가 로스앤젤레스 대회 후 축하 파티에서 기뻐하기는커녕 '2위를 해서 분할 것이다.'라고 '격려'한 것이 큰 자극이 되었다고 말했다. 도쿄 시장은 2위를 한 그 선수를 칭찬해 주는 것이 마땅하지만 그저 칭찬만 해준다면 그것으로 만족하고 노력하지 않을 것이라는 어버이 같은 마음으로 그 선수를 대함으로써 다음에 우승할 수 있는 결과를 낳게 했던 것이다.

아이를 꾸짖을 때 손찌검부터 하는 부모는 아이의 사고력을 빼앗는다

최근 스파르타식 교육이니 아이를 늠름하게 키우는 교육이니 하는 미명 아래 '문답 무용(問答無用)'의 가정교육을 하고 있는 부모가 꽤 있다고 들었다. 물론 부모가 아이의 교육에 의연한 태도를 취하는 것은 반드시 필요하다. 그러나 이것을 어떻게 오해했는지 아이의 말은 들어보지도 않고 손부터 올라가는 부모가 있다. 이는 아이의 두뇌 발달에 대단히 좋지 않은 현상이다.

이러한 교육법에서 가장 큰 문제점은 꾸짖는 쪽과 꾸지람을 받는 쪽에 아무런 커뮤니케이션이 존재하지 않는다는 것이다. 감정적인 꾸지람이라도 거기에 언어가 포함되면 아이는 꾸지람을 들으면서도 왜 야단을 맞는가를 생각한다. 아무리 이해하기 어려운 말이라도 그 말 한 마디 한 마디에 아이 나름대로 반론의 단서가 주어지는 것이다.

그런데 우격다짐으로 손부터 대어 꾸짖는 것은 부모의 일방적 결론의 강요를 절대 반박할 수 없는 육체적 수단으로 호소하는 것이 된다. 아이는 이에 대항하기에는 체력이 달리므로 보잘것없는

반항을 시도하든가, 아이 또한 일방적으로 발뺌하거나 울음소리
를 낼 수밖에 없다. 요컨대 부모와 아이 사이에는 맞물리지 않더
라도 논리의 응수가 있다든가, 이해하려고 하는 노력이 이루어진
다든가 하는 커뮤니케이션이 전혀 없는 것이다.

　커뮤니케이션이 없는 질책 방법을 쓸 경우 아이는 무엇을 단서
로 해서 생각해야 좋을지 알 수 없고 한층 더 나아가서는 아예 생
각조차 않는 아이로 자라고 만다.

'우리 아이는 태생이 나빠서'라고 말하는 부모의 겸손이 아이의 머리를 나쁘게 만든다

　당신은 자녀가 다른 사람에게 칭찬을 받거나 겉치레 인사를 받
았을 때 어떻게 응답하고 있는가? '네, 덕택입니다……' 라든가
'제법 노력하고 있는 것 같습니다.' 라고 대답하면 속이 들여다보
이는 것 같아서 '아니에요, 우리 아이는 태생이 시원찮아요.' 라든
가 '뭘요, 우리 아이는 형편없어요.' 라고 대답하고 있지는 않은가?

사실은 이와 같은 부모의 무심한 한 마디가 자라나는 아이의 의욕을 꺾어 정말로 '됨됨이가 나쁜' 아이로 만들어버리는 경우가 많다.

언젠가 나는 어떤 초등학교 5학년생 남자 아이를 둔 부모에게 아이의 성적이 신통치 않다는 이유로 상담 요청을 받은 적이 있다. 그 아이를 만난 나는 놀라지 않을 수 없었다. '어쨌든 나는 기억력이 나쁘니까요.' 라고 아이가 말했기 때문이다. 그래서 부모에게 알아보았더니 아니나다를까 '그리고 보니 이따금 겸손해야겠다는 생각에 이 아이는 기억력이 나쁘다는 말을 다른 사람에게 한 일이 있어요.' 라고 말하는 것이었다.

위와 같이 부모의 겸손한 한 마디가 타인과의 관계를 구별하지 못하는 아이에게는 진실한 평가처럼 들리는 경우가 많다. 더구나 절대적으로 신뢰하고 있는 부모의 입에서 반복적으로 '기억력이 나쁘다.' 는 말을 듣게 되면, 본인도 깨닫지 못하는 사이에 암시의 힘에 걸려 두뇌의 발달이 정체되어 버리는 것이다.

아이의 얼굴 생김새, 몸 생김새를 비판하면 머리까지 나빠진다

'너는 엄마를 닮아 납작코구나.'

'너는 아빠처럼 뚱뚱하구나.'

이와 같이 아이 앞에서 태연히 아이의 얼굴 생김새나 몸 생김새를 비판하는 부모가 흔히 있다. 부모는 그러한 말을 무의식적으로 함으로써 아이에 대한 불만을 해소하는 것이겠지만, 그것이 비록 농담이라 할지라도 그것만큼 아이의 자존심을 상하게 하는 것은 없다.

어른의 경우 자존심이 상하면 상대에게 분노를 터뜨릴 수도 있지만 아이는 그 분노가 안으로 향한다. 그 결과 아이에게 쓸데없는 콤플렉스를 심어주어 마침내 자기의 능력까지 의심하게 만드는 것이다.

아이의 작품에 '킬러 프레이즈'는 금물이다

미국 회사에서는 아이디어 회의에서 '킬러 프레이즈'를 금하고 있다. 흔히 상사는 부하가 제출한 아이디어에 대해 '뭐야, 이런 시시한 것!'이라든지 '좀 더 나은 생각을 해봐.' 하고 통렬히 비판하여 의욕을 꺾어버리는 경우가 있다. 이것이 '킬러 프레이즈'로, 말하자면 자유로운 발언에 대해 '함구하게 하는 말'이다. 이 킬러 프레이즈가 킬러의 힘을 발휘하는 것은 그 말을 하는 사람이 듣는 사람에게 절대적인 권위를 갖고 있거나 신뢰의 대상일 경우다.

우리도 무의식적으로 아이에게 이 킬러 프레이즈를 사용하고 있지는 않은가? 이 말에 가슴이 뜨끔한 사람도 아마 많을 것이다. 예를 들면 아이가 그린 그림을 보고 '이것이 말이야? 말 얼굴이 더 길어야잖아. 더 잘 그릴 수 없어?'라고 말하는 어머니가 있다. 부모가 아이에게 절대적인 신뢰를 가지고 있는 사람인 만큼 이 킬러 프레이즈는 아이에게 결정적인 힘을 발휘하게 된다. 결국 아이는 자신감을 완전히 잃어버리고 창작에 대한 의욕까지 봉쇄되어 버린다. 그림뿐만이 아니다. 더듬거리는 노래나 미숙한 체조 등 모든 아이들의 행동에 대해 킬러 프레이즈만은 삼가야 한다.

아이의 머리를 자주적으로 움직이게 하기 위해서는 '명령형'보다 '의문형'을 쓰는 것이 좋다

언젠가 한 카메라맨이 피아노를 치고 있는 어린 히로노 황자의 사진을 찍었을 때의 일이다. 앵글 속에 히로노 황자가 들어오지 않아 난처해 하고 있자 미치코 비는 곧 이렇게 말했다.

"히로노, 낮은 쪽은?"

그 말을 들은 히로노 황자는 낮은 쪽의 키를 퐁 하고 한 번 쳤다. 그곳이 바로 카메라맨이 겨냥하고 있던 앵글에 꼭 맞는 장소로, 덕분에 그는 좋은 사진을 찍을 수 있었다.

만일 미치코 비가 이때 '낮은 쪽을 쳐라.' 라고 명령했다면 자연스러운 포즈로 사진을 찍을 수 없었을는지도 모른다. 뛰어난 아동 심리학자인 비는 이렇게 함으로써 훌륭하게 히로노 황자의 자주성을 끌어낸 것이다.

명령은 말하자면 커뮤니케이션의 일방통행이다. 아이는 부모가 명령한 대로 따르겠지만 반드시 그것을 납득하고 있다고는 말할 수 없다. 다만 명령한 것을 반사적으로 되풀이하는 경우가 많다.

아이를 자연스럽게 사고하게 하기 위해서는 앞에서 말한 경우처럼 의문형으로 유도하는 것이 효과적이다.

이렇게 하면 부모의 말은 '하게 한다.'는 강제가 아니라 '자기가 생각해서 행동하기'위한 유효한 힌트로써 아이의 머릿속에 저항 없이 들어가는 것이다.

부모의 권위를 강요하는 것은 생각하지 않는 아이로 만든다

아이가 부모의 생각대로 되지 않을 경우 마지막으로 사용하는 말은 '엄마의 말이 안 들려!'라는 으름장이다. 그 자리에서는 아이가 그 말에 따를지 모르나 두뇌의 발달 면에서 보면 그다지 바람직한 말은 아니다. 왜냐하면 이러한 말이야말로 부모의 권위로 밀어붙이는 말이며, 비논리의 대표라고 할 수 있기 때문이다. 아이는 여기서 단지 참고 따르면 된다는 것밖에 배우지 못한다.

결국 이와 같은 말을 되풀이하는 동안에 아이는 하라는 대로 복종하기만 하면 된다는 생활 태도를 갖게 되고, 자주적으로 생각하지 않는 사람으로 성장해 버린다.

아이의 이야기는 아이의 키와 같은 높이에서 들어준다

'사람을 낮추어보는 것 같은 말투다.' 또는 '이 사람을 스승으로 우러러본다.' 와 같이 대인 관계를 물리적인 위아래로 표현하곤 하는데, 어떤 초등학교 선생님으로부터 다음과 같은 이야기를 들은 적이 있다. 언젠가 아이가 무슨 말인가를 하고 싶은 표정으로 선생님의 바지를 끌어당겼다고 한다. 선생님은 무슨 일인가 궁금하여 아이 쪽으로 몸을 구부렸더니 아이는 선생님의 귀를 끌어당겨 간신히 이야기를 했다는 것이다.

나는 그 말을 듣고 문득 떠오르는 것이 있었다. 언젠가 NHK 방송국에서 초등학교 1학년 정도의 눈높이로 카메라를 들고 거리를 걸어보는 실험을 했다. 그때 아이의 눈높이로 거리를 걸으니까 마치 큰 무리의 거인들에게 둘러싸인 듯한 느낌이 들었다. 다시 말하면 아이들은 언제나 어른들의 얼굴을 올려다보아야 하는 핸디캡을 짊어지고 있는 것이다. 그야말로 아이들이란 물리적으로 보아도 이와 같은 열등감을 가지고 있다는 것을 새삼 실감하게 되었다.

따라서 앞의 선생님이 이야기한 것처럼 아이가 무의식적으로 안고 있는 그러한 핸디캡을 제거해 주기 위해 아이의 키높이까지 몸을 숙여주는 것도 의외의 효과를 발휘할 수 있다. 이렇게 함으로써 비로소 '내려다보고 올려다보는' 관계가 아닌 대등한 커뮤니케이션이 가능하게 되어 아이는 자유롭게 생각하고 말할 수 있게 되는 것이다.

때로는 부모가 실수하는 것도 아이의 능력을 향상시키는 데 도움이 된다

아이의 질문에 답하거나 잘못을 고쳐주는 일은 어머니의 중요한 역할이지만, 항상 어머니가 '가르치는' 입장에만 서는 것이 최상의 방책이라고는 할 수 없다. 왜냐하면 부모는 가르치는 존재로 비범하고, 아이는 가르침을 받는 존재로 보잘것없다는 고정관념이 생겨 소극적인 아이가 될 수도 있기 때문이다.

이러한 폐해를 막기 위해서는 부모가 때로는 아이 앞에서 실수를 하는 것도 하나의 방법이다. 이렇게 함으로써 어머니라고 언제나 모든 것을 잘하는 것이 아니며, 부모의 잘못을 자신이 바로잡을 수도 있다는 자신감으로 아이의 능력을 신장시키는 것이다.

부모가 아이의 장래에 대해
고정된 이미지를 가지면
아이의 가능성은 더 이상 확장되지 않는다

부모가 아이의 장래에 대해 관심을 갖는 것은 당연하다. 그러나 관심을 갖는다고 해서 우리 아이는 장래 의사를 만들겠다느니, 이 아이는 정치가를 만들고 싶다느니, 그 대학에 넣어 이 회사에서 일하게 하고 싶다느니 하며 아이의 진로나 장래의 직업까지 구체적으로 결정하는 것은 약간 문제가 있다.

왜냐하면 의사가 되려면 차분하고 사람들에게 신뢰를 주는 인품을 만들어주어야 한다고 생각하여 아무래도 아이를 장래의 이미지와 결부시켜 가정교육을 하게 되기 때문이다.

그 결과 모든 것을 이 조건에 따라 체크하여 '이렇게 해라.' '저 아이와 놀아서는 안 된다.' 하고 아이를 틀에 끼워넣게 된다. 그럴 경우 아이가 지니고 있는 가능성을 막아버리는 결과가 된다.

장래에 대한 아이의 꿈이 어떤 때에는 조종사가 되고 싶다고 하다가 얼마 안 가서 식당 주인이 되고 싶다고 하는 등 수시로 변하는 것과 같이 아이가 갖고 있는 능력의 싹이 어떠한 열매를 맺는

가는 미지수다.

그러므로 부모는 아이가 장래에 무엇이 되든지 그것을 실현할 수 있도록 최대한 도와주어야 한다. 그러기 위해서는 부모가 자신의 고정된 이상형을 강요하는 것과 같은 어리석음을 범해서는 안 된다.

결론을 강요하는 설득보다는
냉정하게 화를 내는 쪽이
오히려 아이를 생각하게 만든다

최근에는 민주주의 교육 이념에 따라 아이와 관련된 모든 것을 대화를 통해 납득시키려는 풍조가 강하다. 이에 대한 공죄(功罪)는 여러 가지로 논의되고 있다. 그러나 아이의 지능 발달이라는 관점에서 보면 '해'가 더 많다고 말하지 않을 수 없다.

예를 들어 나의 소년 시절을 돌이켜보더라도 어른이 잘 이해하는 듯한 얼굴로 중언부언 주의를 주었을 때보다도 아버지가 얼굴을 붉히고 무리한 욕설을 퍼부으며 화를 냈을 때 더 자신의 잘못이 어디에 있었던가를 진지하게 생각했던 것 같다.

아이가 몹시 나쁜 행동을 했을 때 그것이 왜 나쁜가를 아이에게 납득시키는 것은 생각보다 쉽지 않다. 첫째, 아이가 어째서 그런 행동을 했는가를 알려 해도 아이에게는 어른을 설득할 수 있는 논리가 없다. 그러므로 그것을 알지 못한 채 어른이 아무리 아이의 기분이나 논리를 헤아려 설득해 봐도 결국에는 어른의 논리를 아이에게 강요하는 것에 지나지 않는다.

중요한 것은 일의 옳고 그름보다도 이 장면에서 이 일이 왜 옳지 않은가를 아이 스스로가 진지하게 생각하게 하는 것이다. 그렇게 하기 위해서는 어설픈 설득보다 오히려 화를 내고 아이를 냉정히 뿌리쳐 결론을 미루어두는 것이 결과적으로 자기 스스로 생각할 수 있는 여지를 주게 된다.

'나쁜 아이' 일수록 잘 발전한다

둘째 마당을 시작하면서

'고분고분한 아이', '좋은 아이'는 창조성이 부족하다

어머니들에게 '자녀를 어떤 아이로 기르고 싶습니까?'라고 물으면 대부분의 어머니들은 '고분고분한 아이로 기르고 싶습니다.'라고 대답할 것이다. 이 그럴싸한 대답에 '그래 옳아.'하고 고개를 끄덕일 수도 있다. 그러나 '고분고분한'이란 도대체 어떤 의미인가 하고 고쳐 생각해 보면 섣불리 맞장구를 칠 수도 없다.

'고분고분한 아이'란 요컨대 부모가 기르기 쉬운, '부모의 생각대로 되는 아이'라는 의미밖에 없는 것처럼 여겨지기 때문이다. 가령 어머니들은 누구나 '우리 아이'가 같은 또래의 아이들과 똑같은 것을 생각하며 똑같은 것을 하고 놀고 있는 한 안심한다. 이것은 바꿔 말하면 다른 사람과 같은 생각, 같은 발상, 틀에 박힌 표현을 하고 있으면 안심한다는 것이다.

그러나 돌이켜 생각해 보면 사람은 각각 얼굴 모양이 다르고 성격이 다른 것처럼 생각과 발상 또한 당연히 다르다. 게다가 미래는 같은 수준의 같은 발상을 하는 인간보다도 완전히 독창적인 '좋은 머리'를 필요로 하고 있다.

여기서 문제가 되는 것은 '창조적 능력'이란 무엇인가 하는 것이다. 이 창조적 능력에 대해서는 개인적으로 씁쓸한 마음이 있다. 그것은 내가 오랫동안 심리학을 전공해 왔지만, 지금의 우리나라 학자들 중에서 독창적인 학문적 체계를 갖고 있는 사람이 과연 몇 명이나 될까 하는 것이다. 다시 말하면 나 자신을 포함하여 지금까지 우리나라 학자들이 해온 일은, 극단적으로 말하면 가로로 된 것을 세로로 하여 소개해 온 것에 지나지 않는다.

그러나 밖으로 눈을 돌려보면 심리학계만 보더라도 프로이트, 융, 피아제, 스키너 등 독자적인 학문적 체계를 가진 기라성 같은 학자들이 많다. 그들은 강렬한 자아를 가졌을 뿐만 아니라 자신감이 강하고 거의 '고분고분하다.'는 말과는 상반되는 세계에서 훌륭한 업적을 올리고 있다.

이와 같이 국내외의 차이를 생각해 보더라도 창조적 능력의 중요성을 통감하지 않을 수 없다. 이는 우리가 종래 너무나도 '고분고분한 아이', '좋은 아이'로 길러졌기 때문이 아닌가 한다.

'나쁜 아이'에게 현저한 갖가지 가능성

그러면 어째서 우리나라에 '고분고분한 아이'로 대표되는 이상형이 생겨났는가. 그 원인은 교육 제도에 있다. 전국 어느 벽지에 가더라도 같은 수준의 교육을 받을 수 있다는 점에서는 세계에 자랑할 만한 제도이지만 아이의 개성적 능력과 창조적 능력을 신장한다는 점에서는 너무나도 마음이 놓이지 않는 제도라고 말할 수 있다.

문부성에 의해 커리큘럼과 지도 요령이 결정되고 전국에서 획일적인 일제(一齊) 수업 방식으로 모두가 같은 능력을 갖고 의무 교육 과정을 수료하는 것이 기본적인 이념이다.

반면에 내가 유학한 미국에서는 실로 갖가지 교육 원리가 채택되고 있어 참으로 놀라움을 금치 못했다. 그곳에서는 우리와는 비교도 안 될 정도로 교장의 권한이 크고, 교육 이념 또한 우리나라와는 비교도 안 될 정도로 존중되고 있었다. 그런 까닭에 개개의 학교가 매우 개성이 있었다. 자유방임으로부터 스파르타식에 이르기까지 갖가지 교육 방침이 있다고 해도 과언이 아니다. 이와 같은 다양한 학교 중에서 부모는 자기의 이상에 맞는 학교를 선택하면 된다. 미국뿐만 아니라 유럽에서도 볼 수 있는 이러한 사회적·교육적인 풍토는 아이의 개성을 신장시키고 창조적 능력을 높이는데 매우 중요한 의미를 가지고 있다고 말할 수 있다.

둘째 마당의 타이틀인 '나쁜 아이일수록 잘 발전한다.' 라는 말은 많은 사람들이 역설적인 의미로 이해할 수도 있을 것이다. 그러나 이것은 특별히 비꼰 견해도, 진기함을 자랑하는 표현 방법도 아니다. 이와 같은 여러 가지 사실을 정리하고 분석해 보면 필연적으로 도출되는 결론이다. 반항적인 아이나 장난을 하는 아이, 난폭한 아이일수록 창조적인 능력을 발휘하는 것은 사실이다.

우리 주변에 이러한 예는 아주 많다. 창조적 능력이란 지금까지 다른 사람이 생각하지 않았던 일, 하지 않았던 일을 스스로 생각하여 실천하는 능력을 말한다. 이와 같은 능력을 가지고 있는 아이가 어머니의 말을 듣지 않는 '나쁜 아이' 로 보이는 것은 오히려 당연한 일인지도 모른다. 그렇다고 해서 부모의 책임을 포기하고 방임해도 좋다는 것은 아니다.

그러므로 둘째 마당에서는 어떤 경우에 어떻게 하면 아이의 개성을 존중하고 그 능력을 신장시킬 수 있는가를 생각해 보고자 한다.

아이가 성실히 공부하고 있다고 해서
좋아할 수만은 없다

　당신은 지금 자녀가 언제나 성실하게 공부하고 있고 성적이 좋다고 해서 안심하고 있지는 않은가. 물론 지금 단계에서는 기쁜 일인지 모르지만, 단순히 부모나 선생님에게 '좋은 평가'를 얻기 위해서만 공부하고 있다면 그것은 지극히 위험한 일이다.

　저명한 유아교육자인 오차노미즈 여자대학의 교수였던 히라이 노부요시 씨는 유치원 때부터 대단히 우수했던 아이가 사춘기를 넘어서면서 문제아가 되는 경우가 많다고 지적했다. 그리고 그녀는 이런 예를 들고 있다.

　유치원 때부터 선생님의 칭찬을 듣고 초등학교 때에는 모범생으로, 3총사로 불렸던 남자 고교생 3인조가 있었다. 그들은 분명히 일류 대학에 입학할 것이라고 부모나 선생님은 입을 모았다. 그러나 고등학교에 들어가자 한 명은 노이로제, 한 명은 등교 거부, 또 한 명은 학교를 중퇴하고 밴드맨이 되었다고 한다.

　히라이 씨는 '칭찬을 받고 싶기' 때문에 공부를 하는 아이는 자주성이 결여되어 일단 성적이 떨어지기 시작하면 나중에는 곤두

박질치기 쉬운 경향이 있다고 지적하며 이렇게 경고했다.

'어린이나 학생이 항상 고분고분하고 성실하게 학습을 하고 있다는 이야기를 들을 때면 나는 때때로 몸서리를 친다. 진실한 아이는 절대로 그와 같은 모습을 나타내지 않으므로 그와 같은 아이는 다만 가면을 쓰고 있는 것에 지나지 않기 때문이다. 그것을 알아차리는 눈을 부모나 선생님이 갖고 있지 않으면 참으로 위험하다.' (잡지 《유아개발》 중에서)

반항하는 아이일수록 판단력이 있는 어른으로 성장한다

'우리 아이는 사사건건 부모에게 반항하고 고분고분 말을 듣지 않는다. 이래서야 어떻게 지능이 발달할 수 있겠는가?' 하는 말을 자주 듣는다.

그러나 좀 더 긴 안목으로 아이의 장래를 내다보았을 때 이러한 염려는 약간 과녁을 벗어났다고 말하지 않을 수 없다. 예컨대 독일의 심리학자 헤차는 2~5세 사이에 강한 반항기를 가진 아이와 그렇지 않은 아이 100명씩을 청년기까지 추적 조사해 보았다. 그 결과 반항심이 강했던 아이의 84퍼센트는 의지가 강해 자기의 판단으로 사물을 결정할 수 있는 젊은이로 성장한데 반해, 그렇지 않았던 아이들 중에서 의지가 강한 청년으로 성장한 사람은 겨우 24퍼센트에 지나지 않았다. 그들 대부분은 자기의 판단으로 사물을 결정할 수 없는 타인 의존형의 인간이 되어 있었던 것이다.

특히 이 조사에도 나오는 2~4.5세 무렵은 자아가 싹트는 시기며, 자기의 머리로 사물을 생각하고 결정하는 능력이 단련되기 시작하는 시기다. 이 시기에 아이의 반항을 억압하거나 반대로 반항의 원인을 없애려고 하여 아이의 요구를 무시하면 아이는 자기의 머리로 사물을 생각하는 능력을 발전시킬 수가 없다.

프랑스의 가정에서는 의도적으로 아이가 부모와 다른 생각을 갖도록 하는 지도가 전통적으로 행해지고 있다고 한다. 이는 그와 같은 아이의 발달 심리를 잘 분별한 방법이라고 할 수 있다.

'고분고분한 아이'를 바라는 것은 부모의 이기주의가 아닐까?

'심술쟁이', '비뚤어진 아이'야말로
대성할 머리의 소유자인 경우가 많다

　발명왕 에디슨의 어머니에 대해 들어본 일이 있을 것이다. 에디슨은 어린 시절 남들이 싫어하는 짓만 골라서 하는 아이였다. 학교공부는 엉망이고 선생님의 말을 듣지 않았을 뿐만 아니라 친구와도 잘 어울리지 않는 열등생의 전형으로까지 여겨졌다. 이와 같은 에디슨을 비록 가난했지만 따뜻하게 지켜봐 주었던 사람이 있었다. 바로 그의 어머니다. 에디슨이 열등생 취급을 받는 것은 그가 관심을 갖거나 생각하는 것이 학교 선생님이나 친구들과 너무나 동떨어져 있었기 때문이라는 것을 그의 어머니는 직감적으로 알고 있었던 것이다.

　에디슨뿐만 아니라 세상에서 크게 성공한 사람들은 유·소년기부터 많건 적건 '심술쟁이'나 '비뚤어진 아이'가 갖는 성격적 요소를 지니고 있었다. 그들의 머릿속에는 자연히 타인과 같은 것을 무의식적으로 거부하여 될 수 있으면 타인과 다른 것을 생각하려고 하는 사고 패턴이 만들어져 있었던 것이다.

　이를테면 매우 창조적인 일을 하고 있는 사람들 대부분은 자기의 의견이 타인과 같다는 것을 알면 적극적으로 발언하지 않는다. 그들은 회의를 할 경우 의견의 대세가 한 방향으로 기울수록 방해를 하는 것 같은 이론을 주장한다.

그러나 독창적인 두뇌란, 최저 조건으로서 이와 같은 경향을 갖지 않으면 안 될 것이다. 특히 과거부터 우리의 교육은 이와 같은 사람을 오히려 쫓아버리는 방향으로 진행되어 왔다. 하지만 우리는 섣달 그믐날에 모두 모여 '청팀 백팀 노래시합'을 보는 것 같은 획일적인 정신 구조를 바꾸지 않으면 안 된다.

아이의 억지 이론을
어른의 논리로 몰아대서는 안 된다

어른들 세계에서는 이론이라고 하면 쓸데없이 모든 일에 이론만 캔다느니, 이론만 따지는 사람이니 하고 환영받지 못하지만, 아이의 이론은 설사 그것이 억지 이론이라고 하더라도 크게 환영하고 들어줄 필요가 있다. 아이의 이론은 아이 나름대로 사물의 이치를 따져 생각하려고 하는 의욕의 발로이기 때문이다.

아무튼 쓸데없이 일에 이론만 캐는 아이는 부모나 선생님에게서 경원시되기 쉽다. 그러나 이래서는 아이에게서 건전한 지적 발달을 기대할 수 없다.

생떼거리를 쓰지 말라고 꾸짖거나 아이의 변명을 어른의 논리로 몰아대려 하는 부모의 태도야말로 아이를 해롭게 한다는 사실을 알아야 한다.

거짓말을 하는 아이는 '나쁜 아이'가 아니고 '창조성이 높은 아이'다

'엄마, 오늘 나 코끼리를 탔어요.' 하고 밖에서 돌아온 아이가 어머니에게 참말같이 말한다. 그때 어머니는 '거짓말하지 마. 그런 거짓말이 어디 있니?' 하고 큰 소리로 나무란다. 어린아이가 있는 가정에서는 이런 광경이 매일처럼 반복되고 있을 것이다.

발달심리학의 통계에 의하면 일반적으로 아이는 3세 무렵부터 거짓말을 하기 시작하여 초등학교 2, 3학년 때에 가장 그 경향이 심하다고 한다. 그러나 여기에도 개인차가 있어 거짓말을 많이 하는 아이와 적게 하는 아이가 있다. 이것이 어머니의 근심거리가 된다. 하지만 아이의 지적 능력 면에서 말한다면 자녀가 거짓말을 많이 한다고 부모가 지나치게 근심할 필요는 없다. 오히려 거짓말을 할 수 있는 아이가 거짓말을 하지 못하는 아이보다도 훨씬 창조성이 높다는 것이 심리학적으로 뒷받침되고 있다.

왜냐하면 거짓말을 하는 것은 자기가 경험도 하지 않은 사항을 마치 경험한 것처럼 이야기할 수 있는 능력이 있음을 나타내며, 무에서 유를 만들어내는 창조적 능력과 불가분의 관계에 있기 때문이다. 결국 거짓말을 교묘하게 할 수 있는 아이는 그만큼 창조적인 면에서 커다란 소질을 갖고 있을 수 있다. 그러므로 거짓말을 하는 아이가 곧 나쁜 아이라고 단정하고 꾸짖는 어머니는 아이에게서 창조적 사고의 기회를 빼앗게 되는 것이다.

아이가 잘못하고 있을 때야말로 생각하고 있는 것이다

예컨대 어떤 도구의 사용법을 몰라서 시행착오를 겪을 때와 올바로 사용하고 있을 때를 비교하면 시행착오를 겪을 때에 훨씬 머리가 활발하게 움직이고 있다고 말하면 놀라겠는가?

올바른 사고란, 말하자면 일단 만들어진 주형에 재료를 채워넣고 뺑하고 꺼내는 것처럼 정형화된 두뇌 활동일 경우가 많고 이것을 심리학에서는 '재생적 사고(再生的思考)'라고 부른다. 이에 대해 '생산적 사고'라고 하는 것은 항상 새로운 정식(定式) 그 자체를 찾는 두뇌 활동이기 때문에 여기에는 많은 잘못이 있을 수 있다.

그러므로 아이가 잘못을 하고 있을 때야말로 생산적 사고를 하고 있는 것이니 오히려 그대로 내버려둘 필요가 있다.

문제 해결의 와중에서 잘못이 많은 아이일수록 갑자기 비약적으로 발전하는 경우가 많다

'다른 아이는 척척 문제를 풀어가는데 우리 아이는 틀리기만 하고 조금도 앞으로 나아가지 못한다.'라고 염려하는 어머니는 없는가? 그러나 사실은 이와 같은 아이야말로 갑자기 비약적으로 발전할 가능성이 많다. 그러므로 앞에서 말한 것처럼 아이에게 마음껏 잘못을 경험하도록 해주는 것이 좋다.

　미국의 심리학자 오즈라는 아이가 사물을 배워가는 유형을 세 가지로 분류했다. 즉 처음에는 학습 속도가 아주 빠르지만 도중에 잘못이 좀처럼 줄지 않는 유형, 처음에는 잘못뿐인데 도중에 갑자기 잘못이 적어지는 유형, 처음부터 마지막까지 변하지 않는 유형이다. 오즈라는 첫번째 유형을 '완만 학습자', 두번째 유형을 '돌연 학습자'라고 명명했다. 그런데 그는 이 유형들 중 '돌연 학습자' 중에 IQ가 높은 아이가 많다는 사실을 알아냈다. 그리고 이 경향은 6세부터 10세, 그리고 14세로 나아감에 따라 강해졌다고 한다.

　그 이유는 돌연 학습자에게는 잘못을 하는 과정에서 '잠재 학습'을 할 기회가 주어지기 때문일 것이다. 예를 들면 같은 올바른 길을 발견하는데 있어서도 우연히 순조롭게 발견했을 때보다 몹시 헤매며 여기저기 돌아다니고 나서 발견했을 때 확실한 지식을 얻는다. 다시 말하면 시행착오의 과정에서 문제의 전체 구조를 알게 되고 두 번 다시 같은 실수를 하지 않을 뿐만 아니라 거기서 파악한 패턴을 충분히 응용하는 힘도 생기는 것이다.

무엇이든지 척척 이해할 수 있는 아이보다
의문이 많은 아이가 더욱 발전할 수 있다

　초등학교와 중학교에서 이른바 성적이 좋은 아이는 대개 이해가 빠르고 문장도 한 번만 읽으면 곧 알 뿐만 아니라 문제의 해결도 빠르다. 반면에 문장마다 일일이 걸리고 문제 속에 또 문제가 있다고 느껴져 앞으로 나아갈 수 없는 아이가 종종 있다.

　학교의 성적은 확실히 앞의 유형 쪽이 좋을지 모르나, 실제로 세상에 나가 큰일을 하는 사람은 후자의 유형에게 많다. 상대성 이론으로 유명한 아인슈타인도 '문제를 발견하는 것은 그것을 푸는 것보다 더욱 본질적이다.' 라고 말했다. 그러므로 의문이나 질문이 많은 아이일수록 그것 자체를 평가해 주고 격려해 주어야 할 것이다.

　내가 아는 사람이 다니던 어느 시골 중학교에 한 유별난 선생님이 있었다. 그는 매시간 대강의 설명을 끝내고는 '뭔가 질문이 없나? 없으면 이것으로 마치겠다. 그래도 좋겠는가?' 하고 묻는다는 것이다. 그런데 이 틀에 박힌 말을 하는 것은 수업 시간이 반밖에 지나지 않을 무렵이어서 처음에는 학생들이 매우 당황했다. 선생님은 일부러 긴요한 점을 숨기고 설명한 후 그래도 아는 것으로 생각하는 학생들의 반성을 촉구했던 것이다. 그리고 학생에게서 질문이 나오면 문제를 훌륭하게 풀었을 때보다 더 싱글벙글하면서 '응, 좋은 질문이다. 아주 훌륭해!' 하고 칭찬해 주기 때문에 학생들은 경쟁적으로 문제점을 찾는 일에 흥미를 느껴 모두 수학을 좋아하게 되었다고 한다. 의문을 발견할 수 있는 두뇌야말로 발전할 수 있는 두뇌인 것이다.

실패를 자주 하는 아이는 생각할 기회도 그만큼 많다

저녁 설거지를 도와달라고 하면 곧잘 밥공기를 깨고, 학교 시험에서는 번번이 실수를 하는 자녀의 앞날이 염려되어 머리를 썩이고 있는 어머니가 적지 않다. 그러나 그런 아이는 실패를 두려워하여 부모가 언제나 앞질러가서 안전한 길만을 걷게 하는 아이에 비하면 장래가 크게 기대된다.

두말할 것도 없이 타인이 전해준 지식이나 기술보다는 자기 자신이 생각하면서 획득한 지식이나 기술이 진실로 자기 것이 된다. 이를테면 처음에는 실패한다고 해도 아이는 그 실패 속에서 무엇인가를 배워 응용력 있는 유연한 두뇌를 스스로 기르고 있는 것이다. 실패를 두려워하여 아이로부터 그 기회를 빼앗아버리면 지금은 어른의 눈으로 보아 '좋은 아이'라 하더라도 결국은 자기 머리로 생각할 수 없는 '작은 능력밖에 없는 인간'으로 자랄 위험이 있다.

혼다 소이치로라고 하면 적수공권(赤手空拳)으로 세계 제일의 오토바이 메이커가 된 입지전적인 인물이지만 초등학교 때에는 무슨 일을 시켜도 실패만 하고 성적도 나쁜 이른바 '열등생'이었다. 그러나 혼다 씨는 이 시절의 실패야말로 자기의 머리를 생각할 수 있는 유일한 머리로 길렀다며, 어릴 때에는 많은 실패를 할수록 좋다고 하며 다음과 같이 말했다.

'타인에게 배운 것과 자기가 실패하여 익힌 것과는 격이 다르지. 가치가 달라! 남에게 배운 것과 답은 같아도 나중에 그 이용 가치는 훨씬 확대되지.'

장난꾸러기일수록 창조성도 풍부하다

'장난꾸러기를 기르자.'를 교육 목표로 내걸고 있는 유치원이 있다. 이 유치원에서는 아이가 의자를 부수든 친구들끼리 맞붙어 싸우든 관대하게 취급되어 아이들이 상처가 나지 않는 날이 없다고 한다. 이런 이야기를 들으면 대부분의 어머니들은 아마 미간을 찌푸리겠지만 실은 이러한 교육 목표야말로 '머리가 좋은 아이로 기르자.'라는 말과 상통된다.

아이에게 장난은 창조의 시작이며 자아를 확립한 증거이기 때문이다. 이 창조의 싹을 소중히 길러 자아를 존중해야 비로소 아이의 머리와 마음과 몸이 무럭무럭 자라는 것이다. 아이의 장난을 금하는 것은 모처럼 성장하려는 싹을 어머니 자신의 손으로 잘라 버리는 것과 같다.

낙서는 아이의 창조력을 풍부하게 한다

화가인 친구에게 이런 이야기를 들은 적이 있다. 그 친구는 그림을 그리는 한편 아이들에게 그림을 가르치고 있는데 그는 자기에게 그림을 배우고 싶다고 신청하는 아이에게 '집안을 보여달라.'고 말한다는 것이다.

그리고 그 아이의 집을 가본 후 집안이 깨끗하게 정리되고 먼지하나 없는 '모범적인 가정'일 경우에는 하나의 조건을 내건다고 한다. 아이가 그림을 배우기 시작한 후 방이나 복도에 낙서를 해도 화를 내지 않겠다는 부모의 약속을 받아내는 것이다. 이 약속이 받아들여지지 않을 경우 그는 절대 아이를 가르치지 않는다. 낙서를 할 수 없는 환경에서는 아무리 아이를 가르쳐도 독창적이고 생기 넘치는 그림을 그릴 수 없다는 것이 오랫동안 아이를 가르쳐온 그의 지론이었다.

그는 진실로 '낙서를 권유'하는 사람이라고 말할 수 있다. 이는 극단적인 예지만 낙서가 아이의 창조욕을 건전하게 불러일으키는 것은 사실이다. 특히 말로써 자유롭게 자기를 표현할 수 없는 어린아이일수록 마음이 향하는 대로 어떤 형상을 그려 나타내고 싶은 욕구가 강하다. 그것이 바로 상상력의 싹인 것이다.

그러므로 낙서가 나쁜 짓이라든가, 해서는 안 되는 일이라고 생각하는 어머니가 있다면 다시 생각해 봐야 한다. 오히려 적극적으로 낙서를 권장해야 한다. 집안을 모두 개방하기가 곤란하면 낙서용 칠판을 만들어줄 정도의 배려가 있어야 할 것이다.

곧잘 미아가 되는 아이야말로 장래성이 있다

부모들 중에는 '좋은 아이'는 '부모에게 걱정을 끼치지 않는 아이'라고 생각하는 사람이 많다. 물론 맞는 생각이다. 그렇다면 반대로 '부모에게 걱정을 끼치는 아이'는 '나쁜 아이'라고 말해야 하는가? 부모에게는 아이가 언제나 눈앞에서 놀고 있어야 제일 안심되는 일인지 모른다. 그러나 어른이 안심하기 위해 아이의 행동을 제한하고 자기 마음대로 행동하고 싶어하는 아이를 '나쁜 아이'라고 마구 나무랄 수는 없다.

예를 들면 부모가 눈을 떼면 곧 미아가 되는 아이는 이러한 '나쁜 아이'의 표본이 되곤 한다. 그러나 이와 같은 아이야말로 많은 가능성을 가지고 있다고 생각한다. 왜냐하면 첫째로 미아가 되는 아이는 호기심이 강하고 자기가 좋아하는 것을 선택할 능력을 가지고 있으며, 둘째로 미아가 되는 아이 중에는 흥미를 가진 것에 모든 것을 잊고 열중하는 유형의 아이가 많기 때문이다. 물론 항상 어머니 손에 매달려 있으면 미아가 될 염려는 없다. 요컨대 집중력과 지속력, 독립심이 강한 아이일수록 미아가 되기 쉽다는 것이다. 실제로 미아 중에는 백화점에서 좋아하는 장난감을 바라보다가 북적거리는 사람들 속에서 부모를 잃어버리는 경우가 많다.

　이렇게 생각하면 미아가 되는 아이는 '나쁜 아이' 는커녕 오히려 '장래성이 있는 아이' 라고 할 수 있다.

집단행동을 싫어하는 아이일수록 무수한 가능성을 숨기고 있다

　유치원에서 50여 명의 아이들이 모여서 무엇인가 같은 작업을 하고 있으면 그 중에 다른 행동을 하고 싶어하는 아이가 한둘은 있다. 이른바 집단행동에 서툰 아이라고 할 수 있다. 다른 아이들이 노래를 부르고 있을 때 혼자서 그림을 그리는 아이의 경우 선생님이나 어머니에게는 고민거리가 아닐 수 없다. 어려서 집단생활을 하지 못하면 어른이 되어 사회생활을 제대로 하지 못할 것이라는 걱정으로, 집단행동을 못 하는 아이는 문제가 있는 아이니까 빨리 고치지 않으면 안 된다고 생각하는 어머니가 많다고 한다.

그러나 이와 같은 아이들에게 강제적으로 집단행동을 하게 하는 것이 과연 옳은 일일까? 나는 미래의 아이들은 집단행동 속에 매몰되기보다 오히려 집단 속에서 독자의 일을 할 수 있는 능력을 갖게 하는 것이 중요하다고 생각한다. 대부분의 선진국에서 강제적인 집단행동보다 개개의 능력을 키우는 교육 방침을 취하고 있는 것도 아이들의 미래를 생각해서일 것이다.

프랑스의 유치원에서는 집단으로 같은 일을 가르치거나 같은 행동을 취하게 하지 않는 대신 아이가 스스로 하고 싶은 일을 선택하는 방법을 취하고 있다. 그리고 수년 전에 미국을 방문했는데 그곳 유치원에서도 같은 방법을 취하고 있었다. 이와 같은 예를 보더라도 집단행동을 할 수 없는 아이를 낙오자로 보는 것은 큰 잘못임을 알 수 있다.

싸움의 중재는 하지 않는다

　전에 NHK 방송국에서 방영되어 뛰어난 유아교실 프로라고 격찬받은 〈성장의 기록—3세부터 6세로〉라는 프로가 있었다. 그 프로에 이런 장면이 있었는데 지금도 기억하는 사람이 많을 것이다.

　방송국의 취재 스태프가 4년간 촬영을 계속해 온 두 명의 아이, 즉 와다루와 준이 장난감을 가지고 놀고 있다. 준이 자동차를 집으면 옆에 다른 자동차가 있는데도 와다루는 준의 자동차를 가지려고 하여 두 아이 사이에는 무언의 싸움이 시작된다. 드디어 와다루가 준을 압도하여 자동차를 빼앗고 만다. 그런데 와다루는 이제 안심이라는 듯한 표정으로 막 빼앗은 자동차를 준에게 다시 넘겨준다. 카메라는 아무것도 없이 멍청히 있는 와다루의 표정을 클로즈업시킨다.

　아마 이 아이들의 부모가 곁에 있었으면 와다루를 야단치거나 두 아이의 싸움을 말렸을 것이다. 일단 아이들이 둘만 모이면 그들은 서로 다투기 시작한다. 그러나 아이들은 서로 다투면서도 각각의 나이에 맞는 해결책을 나름대로 자신의 머리로 생각해서 발견한다.

아이에게 싸움은 다시없는 지능의 단련장인데 그것을 멈추게 한다면 자연스러운 성장이 저해되어 영원히 혼자서 생각할 수가 없게 될 것이다. 앞에 얘기한 것과 같은 장면을 통해 아이는 싸우면서 자란다는 것을 여실히 보여주고 있다.

싸움을 할 경우 우선 말로써 상대를 꼼짝 못 하게 하는 방법을 가르친다

흔히 우리나라 사람들이 의논이 서툰 것을 결점으로 드는데 이것은 막바지에 이르도록 서로의 주장이 대립되지 않고 애매한 영역을 남겨두는 처세법에서 비롯된 것이다. 그러나 발달 단계에 있는 아이에게 이와 같은 사고방식은 그야말로 백해무익이다.

왜냐하면 사물의 이치를 철저하게 따지는 태도를 기르는데 있어 의논은 중요한 역할을 하고 있기 때문이다. 그렇다고 해서 아직 의논이라고 할 만큼 고도의 사고 활동을 할 수 없는 아이에게 그것을 요구하는 것은 무리다. 그래서 생각해 낸 것이 '프랑스식 아이의 싸움'이다.

프랑스 가정에서는 아이끼리 싸움을 하면 부모는 대단히 재미있어 하며 그 자리에 나온다. '아이의 싸움에 부모가 나서는 것'은 우리와 같지만 그 나서는 방법이 우리와는 다르다. 우리는 쌍방을 달래어 화해를 시키지만, 프랑스에서는 서로 치고받는 싸움은 즉시 말리는 대신 쌍방에게 충분히 언쟁할 기회를 준다. 말하자면 '말싸움'을 시키는 것이다. 쌍방이 말싸움에 지지 않으려고 열심히 머리를 짜내어 떠들고 있는 것을 보면 명석함을 무엇보다도 존중하는 프랑스인의 치밀한 논리성이나 언어 능력의 비밀이 바로 여기에 있다는 것을 알 수 있다.

아이들이 싸움을 할 때 이와 같이 말싸움을 하도록 하면 절호의 사고 훈련장이 될 수 있는 것이다.

벌레를 태워 죽이는 일도 아이에게는 지적 학습의 하나다

'어린이의 잔학성'이 종종 심리학의 주제로 다뤄지고 있다. 요컨대 순진하고 귀여워야 할 어린이가 어째서 메뚜기의 다리를 자르거나 바퀴벌레를 태워 죽이는 행위를 태연히, 또 대단히 열심히 행하는지 이상하지 않은가, 그것이 바로 어른의 관심을 모으는 것이다.

그러나 결론은 어린이의 머리에는 아직 잔학이라는 개념이 없고 작은 동물에 대한 연민보다도 강한 지적 호기심이 그와 같은 행위를 하게 한다는 것이다. 어린이에게 있어 벌레를 태우거나 다리를 자르는 일은 장난감의 해체와 같은 지적 학습에 불과하다.

만화는 아이에게 세균이 아니다

어머니들 중에는 활자로 만들어진 책은 좋으나 만화는 나쁘다고 굳게 믿고 있는 사람이 많다. 그러나 만화는 텔레비전의 보급에 의해 아이들의 생활 속에 깊숙이 들어와 있기 때문에 아무리 부모가 금지하려 해도 아이는 만화를 보게 된다.

하지만 만화는 일반적으로 생각하고 있는 것처럼 세균은 아니다. 이를 증명하는 매우 흥미 있는 데이터가 있다. 텔레비전 위에 시청자의 눈의 움직임을 쫓는 카메라를 놓고 텔레비전의 만화를 보는 아이의 눈을 촬영하는 실험을 했다.

그런데 아이는 시종일관 눈을 꼼짝 않고 주인공을 응시하고 있었다. 그것은 아이가 완전히 주인공이 되어 만화 속에 들어가 있다는 것을 의미한다. 만화 잡지를 읽는 경우에도 이와 마찬가지다.

이와 같이 아이는 만화에 의해 자기도 모르는 사이 날카로운 관찰력을 기르고, 괴수(怪獸) 만화를 볼 경우에는 허리띠의 색깔이나 무기의 차이 등에 의해 그 괴수가 무엇인가를 명확히 파악하고 있다. 그러므로 자동차가 화면 한쪽 구석에 나타나는 것만으로도 그 차종을 맞출 수가 있다. 그것을 할 수 없으면 재미가 없기 때문에 필사적으로 관찰력을 기르는 것이다. 그리하여 친구들끼리 지식의 깊이를 겨루게 된다.

부모는 무턱대고 만화를 나쁘다고 하거나 아이가 보지 못하도록 하기보다는 아이의 이야기에 귀를 기울여 그들의 성과를 공유하는 편이 만화의 효과를 높일 수 있는 방법이다.

아이가 난폭한 말투를 사용했다고 하더라도
무리하게 고칠 필요는 없다

　'바보 같은 놈', '빌어먹을 놈' 등과 같은 대단히 난폭한 말을 자녀가 했다면 아마 대부분의 부모는 당황하여 야단치며 나쁜 친구를 사귄 것이 아닌가 하고 걱정할 것이다. 그러나 말은 사회 관계의 소산이라고 말해지듯 아이가 부모를 향해 전혀 사용한 적이 없는 말을 입 밖에 내는 것은 그만큼 아이의 인간 관계가 넓어졌고 성장했다는 증거다.

　그러므로 그대로 내버려두어도 크면 스스로 그것이 난폭한 표현임을 알고 사용하지 않게 된다. 그것을 야단치거나 근심하는 것은 도리어 아이의 성장에 방해가 될 뿐이다.

아이에게 장난감은 부수는 물건이다

한 개의 장난감을 언제까지나 소중하게 가지고 놀면 '착하고 얌전한 아이'라고 생각하는데, 장난감을 소중히 다루는 일에만 신경을 쓰는 것은 아이의 지적 발달에 대단히 해롭다.

복잡한 장난감일수록 아이는 항상 '어떻게 움직이는가?' '내부는 어떻게 생겼을까?' 하는 지적 호기심을 갖기 때문이다. 그리고 약간의 '부수는 요령'만 지도하면 단순한 호기심의 충족만으로 한정되지 않는 유효한 두뇌 훈련을 시킬 수 있다.

요컨대 마구 두드리거나 떼어내어 드러나는 장난감의 내부 구조를 보아도 아이가 흥미를 일으킬 수 있지만 거기에 약간의 조언으로 다시 조립할 수 있는 방법을 가르칠 필요가 있다는 것이다.

부수기 전의 장난감은 하나의 완성품으로, 즉 논리에서 말하는 '결론'이다. 이 완성품을 한 껍질 두 껍질 벗겨가는 것은 마치 논리의 '과정'을 거꾸로 더듬는 것과 같다. 다시 말하면 한 개의 장난감은 '논리' 그 자체인 것이다. 그러므로 더욱더 효율적인 '결론'에 도달하기 위해서는 어떠한 논리의 '과정'을 더듬어가면 좋을까 하는 논리적 사고를 훈련할 수 있다.

한때 내부가 들여다보이는 시계나 자동차 등 플라스틱 장난감이 인기를 끈 적이 있다. 이것도 아이에게 장난감은 부수는 것이라는 생각을 먼저 갖게 한 것이다.

머리가 좋아지면
자연히 타인에 대한 배려도 생긴다

'우리 아이는 머리는 좀 나쁘지만 마음씨가 좋은 것이 장점이지.' 라고 의기양양하게 말하는 어머니가 있다. 그런가 하면 '저 아이는 확실히 머리는 좋지만 품성이 나빠서 큰일이야.' 라고 말하는 어머니도 있다. 다시 말하면 머리가 좋고 나쁜 것과 인간성은 전혀 별개의 것이라는 생각이 통용되고 있는 것이다.

그러나 이와 같은 생각은 대부분 부모의 억지나 위로, 머리가 좋은 사람에 대한 비뚤어진 마음에서 생긴 것으로 사실은 아무런 근거도 없다. 동정심이나 온순함, 머리가 좋은 것은 별개의 것이 아니다.

왜냐하면 온순함이나 동정심은 타인의 입장에서 사물을 생각하는 데에서 생기는 것이며, 머리가 나쁜 아이는 절대로 할 수 없는 행위이기 때문이다. 상대가 지금 무엇을 원하고 있는지, 무엇을 생각하고 있는지 미묘하게 뒤얽힌 상대의 심리 상태를 재빨리 파악하여 거기에 상응한 행동을 취하는 것이 동정심이다. 그렇게 하기 위해서는 관점을 전환하고 상상력을 최대한으로 발휘해야 한다. 이런 어려운 작업을 쉽게 해치울 수 있다면 그만큼 머리가 좋다는 증거다.

머리가 좋다고 말하면 곧 공부를 잘하는 것과 결부시켜 성적만을 위해 공부를 하는 이기주의자라는 이미지를 갖기 쉽지만 당치 않다.

동정심이 많은 아이를 기르는 것과 머리가 좋은 아이를 기르는 것은 별개의 이야기 같지만 결과적으로는 같은 이야기다.

환경이 머리를 좋게 한다

셋째 마당을 시작하면서

머리의 좋고 나쁨은 '가문보다 환경에 달려 있다'

아이에게 환경이 얼마나 중요한가를 보여주기 위해 종종 인용되는 예가 있다. 인도에서 발견된 늑대 소녀의 이야기다. 이 소녀는 태어나자마자 늑대들에 의해 길러져 여덟 살쯤 되었을 때 인간 사회로 돌아왔다. 그러나 말은 고사하고 두 발로 서지도 못했다고 한다.

물론 이것은 극단적인 예지만 아이가 성장하여 말을 익히고 문자를 익히는 데에는 환경이 크게 작용한다.

이런 예도 있다. 미국에서 흰색 시트, 흰색 플라스틱 벽, 흰색 천장 등 온통 흰색뿐인 조용한 방에서 양육되던 유유아(乳幼兒) 그룹의 반수를 그것과는 전혀 다른 알록달록하고 장난감도 많은 활기

찬 방으로 옮겼다. 그 후 몇 주 뒤에 보니 흰색 방에 있는 아이에 비해 뇌가 현저하게 발달되었다고 한다. 이는 잡음이나 색채의 자극이 아이의 지능 발달에 미치는 영향을 여실히 보여주고 있다.

이와 같이 환경과 아이의 지능과의 깊은 연관성을 좀 더 폭넓은 문제로서 생각할 경우 가장 적합한 예가 최근 미국에서 문제 삼고 있는 문화적 박탈(文化的 剝奪)이다. 미국 흑인 빈민가의 아이들 중에는 초등학교에 들어가도 수업을 제대로 따라가지 못하는 아이들이 많다고 한다. 문화적인 조건이 충분히 주어지지 않았기 때문이다. 그래서 취학 전에 지진아들을 위해 어떻게든 수업이 가능한 단계로 끌어올리는 특별 훈련 계획이 실행되었다. 이것을 헤드 스타트(말의 콧등을 나란히 하고 일제히 출발시킨다.) 계획이라고 부른다.

우리나라에서도 그 일환으로 행해진 것이 잘 알려진 텔레비전 프로 <세서미 스트리트>이다. 이 프로는 일반적으로 아이들이 CM를 좋아하는 점에 착안하여 CM 기법을 받아들인 연출법으로 대단한 효과를 올리고 있다. 그런데 흑인 출연자가 많은 것은 그들에게 문화적인 조건이 충족되지 않은 사정 때문이다. 아이는 누구나 주어진 환경에 따라 얼마든지 발전할 가능성이 있다는 것을 지적인 면에서 보여주는 예다.

앞에서 든 여러 가지 예들은 모두 인간의 경우지만, 심리학 실험에서 흔히 사용되고 있는 쥐의 경우에는 환경의 영향이 얼마나 큰가가 더욱더 극단적으로 나타난다. 갓 태어난 쥐들을 두 개의 그룹으로 나누어 한쪽은 어둡고 좁은 상자에 넣고, 다른 쪽은 자유롭게 돌아다닐 수 있는 상자에 넣어서 길렀다. 그 후에 미로를 지나게 하는 학습을 시켰더니 후자가 명백히 뛰어난 것으로 증명되었다. 게다가 두 그룹의 뇌를 해부하여 무게를 측정했더니 후자쪽이 훨씬 무거웠다고 한다.

위와 같은 사실만으로도 환경의 힘을 무시할 수 없음을 알 수 있다. 아이에게 가장 중요한 것은 말할 것도 없이 가정환경이다. 선천적인 소질도 물론 관계가 없는 것은 아니지만 그 소질을 발전시킬 수 있느냐 없느냐는 출생 이후의 가정환경에 달려 있다. 다시 말하면 '가문보다 환경이 중요한 것'이다. 그러므로 셋째 마당에서는 어머니가 간단한 연구로 아이의 소질을 발전시킬 수 있는 환경을 조성할 수 있는 여러 가지 방법에 대해 생각해 보고자 한다.

같은 환경이라도 어머니 하기 나름이다

이를테면 아이가 문자를 익힐 때, 읽지는 못해도 일상생활에서 신문이나 책을 접촉할 기회가 많았던 아이는 문자를 익히는 속도가 빠르다. 문자를 익히기 위한 기초 훈련이 그 이전부터 이미 행해지고 있었기 때문이다. 이와 같은 일은 학교에 입학하여 각 과목을 공부하는 경우에도, 또 사회생활을 확대해 가는 경우에도 야기될 수 있다. 바꾸어 말하면 머리를 좋게 하기 위한 준비가 되어 있는가 그렇지 않은가에 따라 아이의 능력은 크게 좌우된다.

그러므로 여기에서도 역시 부모의 생각이나 교육 방침을 일방적으로 밀어붙이는 것이 아니고 어디까지나 아이가 자유롭게 생각하고 느낄 수 있는 공간을 배려하는 태도가 반드시 필요하다.

가령 집 안이나 집 밖에서 아이의 환경을 물리적인 공간으로 한정시켰을 경우에도 오늘은 방에서 놀아라, 저곳은 위험하니까 가서는 안 된다고 하는 것처럼 아이의 행동을 제한하는 것은 그것만으로도 아이의 세계를 축소시키는 것이 된다.

이런 이야기를 들은 적이 있다. 아파트 단지에서 자란 아이가 어느 날 넓은 들판으로 놀러갔는데 부모가 아무리 권해도 부모 곁에서 2, 3미터 이상 떨어지려 하지 않았다고 한다. 부모가 이상하게 여겨 잘 생각해 보니까 아이가 늘 놀던 방의 넓이가 꼭 그 정도였다는 것이다.

집단의 경우에도 이와 비슷한 예가 있다. 도회의 교실에서만 배우는 유치원 아동의 작문이나 회화는 점점 메말라가고 있는데 때때로 교외로 데리고 나가 시켜보면 즉시 생기가 넘친다고 한다.

공간 하나만 보아도 아이가 자기의 세계를 얼마나 넓힐 수 있는

가는 부모가 어떻게 하느냐에 달려 있다. 공간뿐만 아니라 이 관점에서 보면 아이의 사고방식의 넓이나 깊이에도 이 문제는 깊은 관련이 있다.

아이는 환경으로부터 정보를 얻고 있기 때문에 항상 변화시켜주고 호기심을 갖게 해주는 것이 발상의 전환이나 창조성과 관련이 있는 것이다.

공부와 연관이 있다고 하여
모든 욕구를 채워주어서는 안 된다

부모는 아이의 공부와 연관이 있는 일이라면 평소와는 달리 아주 관대해진다.

"공부하고 있는 중이에요. 시끄러우니까 텔레비전을 꺼주세요."

"공부해야 하니까 심부름은 못 가겠어요."

아이가 이렇게 말하면 두말없이 들어준다. 아이의 공부를 위해서라면 어떠한 희생도 마다하지 않는 눈물겨운 심정에서다.

아이는 부모의 이러한 약점을 이용하여 '공부'라는 말을 훌륭한 구실로 휘두른다. 그 결과 아이의 요구는 거의 받아들여져 아이에게는 일견 더할 나위 없는 공부에로의 환경이 만들어지는 것이다.

그런데 이 무엇 하나 불만이 없는 편안한 환경이 문제다. 이와 같은 환경에 아이를 방치해두면 심리적인 포화 상태가 되어 아이는 멍청해지고 만다. 공부에 대한 집중력이나 흡수력을 잃어버리는 것이다.

공부하고 싶은 마음은 대개 결핍감이나 기아감(飢餓感)으로부터 생긴다. 지나치게 편안한 환경은 도리어 공부할 마음을 없애버린다. 무엇인가 부족하기 때문에 비로소 그것을 채우려는 에너지가 생기고 그것이 다시 학습 의욕으로 연결되는 것이다.

그러므로 부모의 지극한 서비스는 아이가 공부하도록 하기는커녕 오히려 '할 마음'을 없애버릴 수도 있다. 공부에 관한 것이라고 해서 무엇이든지 들어줄 필요는 없다.

자유방임형 가정에서는 머리 좋은 아이가 자라지 않는다

지금 미국에서는 '젊은 부랑자'가 커다란 사회 문제로 대두되고 있다고 한다. 또한 20세 전후의 일견 히피풍의 젊은이들이 온종일 거리에서 빈둥거리며 먹을 것을 구걸하고 무기력하게 하루하루를 보내고 있다.

그들의 공통된 점은 중산계급 출신이며, 유년기에 아무렇게나 길러졌다는 것이다. 초등학교 때에는 공부를 잘했으나 고등학교에 입학하면서 자신감을 잃고 대부분 고등학교를 중퇴하여 일할 생각도 없이 하루하루를 빈둥거리며 보내고 있는 것이다. 이와 같은 경향은 고도로 발달한 자본주의 사회의 모순 또는 베트남 전쟁의 악영향이라고 보는 경향도 있지만 또 한 가지 견해는 부모의 자유방임주의 때문이라고 말한다.

어떤 심리학자가 조사한 것을 보면 IQ가 해마다 내려가고 있는데 대개가 자유방임형 가정의 아이라는 것이 명백하게 나타나 있다. 아무렇게나 길러진 만큼, 일단 곤란한 상황이나 위기에 부닥치면 그것을 되도록 회피하고 쉬운 길을 선택하여 점차 자신을 잃어가는 것이다. 그것이 IQ의 저하로 나타나는 것인데 이것만으로도 가정의 예절 교육이 아이의 머리 성장에 커다란 영향을 미치고 있다는 사실을 알 수 있다.

스파르타식 교육도, 자유방임도 아닌 균형 있는 양육 방법이야말로 머리가 좋은 아이를 기르는 데 가장 중요한 조건이라고 말할 수 있다.

모든 면에서 아이를 우선하는 생활은
아이의 머리에 나쁜 영향을 준다

이런 만화를 본 적이 있다. 아버지가 회사에서 도시락 뚜껑을 열어보니 여느 때와는 달리 월등히 좋은 반찬이 들어 있었다. 그런데 도시락 크기가 작았다. 아버지는 유치원에 다니고 있는 아이의 도시락과 바뀌었다는 사실을 알았다. 그리고 아이를 우대하는 것을 한탄하고 원망했다는 줄거리다.

아이를 우선하는 현대 사회생활을 통렬하게 비꼰 것이지만, 요즘은 아버지의 권위가 땅에 떨어지고 아무래도 아이가 가정의 왕이 된 것 같다. 가혹한 입시 전쟁이 그렇게 만든 것인지는 모르나, 모든 면에서 아이를 우선하는 생활은 결코 아이에게 도움이 되지 못하며 그 아이는 결국 긴 인생 레이스에서 패자가 되기 쉽다.

그러므로 나는 가정에서 '부모와 자식 간의 전쟁'을 많이 하라고 권하고 싶다. 예를 들면 텔레비전의 채널을 돌리는 문제만 하더라도 아이 우선으로 하지 말고 부모가 보고 싶은 프로가 있을 때에는 확고히 자기 주장을 하라는 것이다.

물론 이 '전쟁'은 부모의 주도권으로 종결되어야 하지만 '전투'

를 통해 아이는 모든 것이 자기 뜻대로만 되지 않는다는 것을 배울 것이다.

가정에서 지나치게 아이를 우선하면 아이는 언제 어디서나 제멋대로 할 수 있다고 생각하고, 고학년이 되어도 공부와 놀이를 구별하지 못하여 수업 중에 선생님의 이야기를 듣지 않기 때문에 자연히 성적도 떨어지게 된다. 그야말로 백해무익이다.

부모의 과보호와 지나친 간섭은 아이의 사고력을 크게 방해한다

내가 아는 사람 중에 6개월 동안 매주 아이를 위해 동물원에 다녔던 부모가 있다. 다섯 살인 딸아이가 펭귄을 대단히 좋아하여 그 우리 앞에서 아이가 싫증을 낼 때까지 두 시간이고 세 시간이고 서 있었다고 한다. 아이가 좋아하는 일을 옆에서 말없이 도와주는, 이런 부모의 태도야말로 아이의 성장에 가장 중요한 것이 아닐까?

아이의 사고는 본래 흥미를 끄는 것을 매개로 하여 부모가 보이지 않는 곳에서 성장하게 마련이다. 위험하거나 보람이 없다고 하여 아이를 필요 이상으로 보호하거나 간섭하는 것은 아이의 사고를 방해할 뿐이다.

아버지와 아이의 생각은 다를수록 좋다

내가 아는 한 대학 교수는, '나의 오늘이 있는 것은 어릴 때 아버지와 어머니 사이가 나빴던 덕분입니다.'라고 말한 적이 있다. 그의 말은 농담이 아닌 진심이었다. 정확히 말하면 부모의 사이가 나빴던 것이 아니라 친밀한 생활을 하지 않은 것 같은데, 그의 부모는 서로 납득이 되지 않는 일이 있으면 끝까지 이론을 제기하고 자주 다투었다고 한다.

자녀를 대할 때에도 마찬가지로, 아이가 똑같은 질문을 했을 때 부모의 의견이 전혀 다른 경우가 가끔 있었다고 한다. 이와 같은 양친을 보면서 그는 인간은 여러 가지 다른 생각을 가지고 있다는 사실을 알게 되었고, 서로가 비판 정신을 갖는 것이 중요함을 어렴풋이나마 깨닫게 된 것이다. 그런 환경에서 그는 혼자 생각하고 모르는 것이 있으면 책을 읽고 단서를 찾으려는 습관을 몸에 익혔다고 한다.

그의 이야기는 중요한 것을 시사하고 있는 것처럼 보인다. 일반의 가정에서 대부분의 부모는 언제나 자녀에게만은 부모의 입장에서 같은 의견, 같은 태도를 취하려 한다. 이와 같은 태도가 반드시 아이에게 좋다고만은 할 수 없다.

왜냐하면 어려서부터 어른의 의견 대립을 가까이에서 보고 듣는 것이야말로 아이가 사물의 이치를 생각하는데 자극을 주기 때문이다. 그러므로 핵가족으로 이와 같은 자극을 받기 어려운 지금의 아이들에게는 더욱더 아버지와 어머니의 생각이 다를 수 있다는 것을 명확히 가르쳐야 한다.

'남자 아이니까', '여자 아이니까' 하고 말하는 것은 아이의 지적 발상을 반감시킨다

아이의 창조력을 발달시키는 테스트의 연구가로 잘 알려진 E. P. 토란 박사의 보고서에 의하면, 아이에게 '이 장난감을 더욱 재미

있게 갖고 놀기 위해서는 어떻게 바꾸면 좋으냐?'고 물으면 여자 아이는 과학 장난감이나 차 따위에는 전혀 손을 대려 하지 않고, 남자 아이는 인형 등을 멀리한다고 한다.

이와 같은 경향은 어느 정도 성별에 따른 적성 때문이라고 말할 수도 있지만 대체로 부모가 '남자이니까', '여자이니까' 하는 발상에서 비롯된 것이다. 장래에 남녀의 특징을 살리는데 있어서도 어릴 때부터 성별에 지나치게 신경을 쓰다 보면 흥미나 관심의 대상이 반감하여 두뇌 활동의 범위를 축소시키기 쉽다.

연상의 친구는 아이에게 성장의 '도구'다

최근에는 연령층이 다른 아이들이 함께 어울려 노는 것을 좀처럼 보기 힘들다. 그 때문인지 이따금 연상의 아이가 집에 놀러와도 함께 놀지 못하는 아이가 많다고 한다. 이것은 아이의 성장에 크게 마이너스다.

예를 들면 부모가 10층 건물이라면 연상의 아이는 2층 건물이다. 아이는 마치 2층으로 올라가는 계단을 한 계단씩 올라가는 것처럼 연상의 아이를 목표로 하여 지적 성장을 쌓아올려 가는 것이다. 말하자면 연상의 아이는 아이의 성장에 없어서는 안 되는 도구와 같은 역할을 하는 것이다.

웃음 없는 집에서
머리가 좋은 아이는 자라지 않는다

내가 아직 학생이었을 때 많은 우수한 제자를 배출한 유명한 교수가 있었는데 언젠가 그 교수가 주재하는 회합에 참석했다가 놀란 적이 있다. 엄숙해야 할 연구회가 처음부터 끝까지 웃음 속에서 진행되었기 때문이다. 참으로 자유분방하게 서로 농담을 주고받으며 다른 사람이 발언하면 즉시 헤살을 놓거나 헐뜯고, 그것이 다시 새로운 웃음을 불러일으키는 것이었다.

나도 그러한 분위기에 이끌려 함께 농담을 하고 웃는 동안 예사롭지 않은 점을 깨닫게 되었다. 그들은 일견 농담의 사이사이에 의견을 주고받았는데 그날의 연구 주제에 관한 참가자들의 의견이 점차 날카로워져 가고 있는 것이었다. 차례로 튀어나오는 참신

한 견해와 간단한 착상이 출석자들의 자유롭고 활달한 대화 가운데 점차 정리되고 메모되었다. 이와 같은 광경을 목격한 나는 비로소 이 교수에게서 뛰어난 젊은 인재가 계속 배출되는 이유를 알 수 있었다.

몇 년 후 심리학을 전공하게 된 나는 그때의 감상이 잘못이 아니었음을 알게 되었다. 그것은 '웃음'이 인간의 마음과 머리의 긴장을 풀어주어 창조력을 높인다는 것이 여러 연구에 의해 실증되고 있었기 때문이다.

이와 같은 웃음은 뇌의 발달 도상에 있는 아이들에게는 더욱 효과가 크다. 웃음이 있는 환경 만들기야말로 아이의 머리를 좋게 하는 제일보라고 할 수 있다.

소지품을 언제나 정해진 장소에 놓게 하면 자유로운 발상을 할 수 없다

나와 관련이 있는 어떤 유치원에서 다음과 같은 실험을 한 적이 있다. 그곳에서는 이름표가 붙은 신발장에 아이들이 각자의 신을 넣고 있었는데, 어느 날 아무런 예고도 없이 이름표의 위치를 전부 바꿔버렸다. 그랬더니 이상하게도 상급반에서는 큰 혼란이 일어났으나 하급반에서는 거의 아무런 저항도 없이 새로운 위치에 신이 들어가 있었다.

요컨대 일 년 동안 같은 작업을 계속해온 아이들의 머리가 이미 고정화되어 새로운 사태 발생에 유연하게 대처할 수 없게 되어버린 것이다. 그러므로 소지품을 놓는 장소 하나라도 항상 자유로운 사고를 할 수 있도록 연구할 필요가 있다.

저녁 식사 때
그 날의 뉴스를 집안의 화제로 삼는다

어떤 집에서든 저녁 식사 시간은 온 가족이 둘러앉는 즐거운 한 때다. 이런 때 아이들이 이해할 수 있도록 화제를 아이 중심으로 하기 쉬우나 때로는 아이들에게 지적 자극을 주기 위해서라도 그 날의 뉴스나 사회 문제 등을 화제로 삼는 것도 좋다. 설사 아이들이 절반밖에 이해할 수 없는 것이라 할지라도 이해하려고 노력하는 것이 중요하기 때문이다. 부모가 질문을 하고 아이들에게 의견을 말하게 하는 것은 표현 능력을 기르는데 큰 도움이 된다.

이 점에 철저했던 가정이 미국의 존 F. 케네디 대통령을 낳은 케네디 가문이다. 아홉 명의 자녀를 둔 어머니 로즈 부인은 저녁 식사 시간을 이 지적 훈련의 장소로 이용했다.

그녀는 식당의 입구에 게시판을 걸어두고 그날의 뉴스를 오려 붙여두었다고 한다. 아이들은 그것을 보고 저녁 식탁에 둘러앉아 식사를 하면서 그 뉴스에 대해 각자의 의견을 서로 발표하는 것이 습관이 되어버렸다. 화제가 너무 광범위하여 어린 동생들에게는 어려운 부분도 없지 않았지만 점차 형이나 언니가 하는 것을 보고 배움으로써 명확히 자기의 의견을 말할 수 있게 되었다고 한다. 이 '토론 게임'이 후에 대통령을 만들고 3남 로버트는 법무장관, 4남 에드워드는 상원의원이라는 결과를 낳게 된 것이다.

저녁 식사라는 즐거운 시간을 기회로 삼아 아이들에게 생각하게 하는 자리를 만든 점은 지적 개발 면에서 일반 가정에서도 본받을 만한 점이라 하겠다.

집에는 여러 가지 책을 놓아둔다

우리 집의 서고에는 전문서적과 함께 아이를 위한 책으로 가득차 있다. 연구에 필요하여 사모은 것이 자연히 늘어난 것인데, 이 서고를 제일 많이 이용하는 사람은 나보다도 주변의 아이들이다.

그 아이들은 아이들 책뿐만 아니라 사전을 펼치거나 양서를 넘기는 등 매우 즐거운 듯이 책을 읽고 있다. 이런 광경을 보고 있으면 아이는 환경만 주어지면 부모가 강요하지 않아도 저절로 공부하게 된다는 것을 깨닫고 진실로 감탄하게 된다.

아이에게 독서하는 습관을 길러주려고 생각한다면 강요하기보다 우선 집안에 책을 놓아두는 것이 선결 문제일 것이다.

멍멍, 냠냠 따위의 유아어를 계속 사용하고 있으면 유아적 발상밖에 하지 못한다

아이에게는 말이 안 되게 더듬거리는 시기가 있다. 그러나 이것은 머릿속에 언어 능력이 형성되어 있지 않고 발음·발성 기능이 훈련되어 있지 않은 데에서 오는 현상으로, 거기에 부모가 언제까지나 뜻을 맞춰주고 맞장구를 치면 아이의 머리가 발달하는데 문제가 있다.

'멍멍', '냠냠'과 같은 유아어는 그것 자체가 말의 개념 규정이 애매하고 '부우 부우' 따위와 같은 말의 경우에는 자동차 또는 먹는 것을 가리키기도 한다.

아이의 사고 능력은 모든 것에는 각기 이름이 있고 그 각각의 이름에는 명확한 개념이 있다는 것을 배워가면서 단련되는 경우가 많다. 그러므로 부모가 무의식중에 유아어를 흉내 내거나 언제까지나 유아의 말투에 영합하는 것은 아이를 유아적 발상, 유아적 사고의 단계에 머물게 하는 것이 된다.

같은 것을 표현하는데 개와 멍멍이라는, 말하자면 두 개의 말이 함께 존재하는 것은 도리어 부자연스러운 일이다. 그러므로 처음부터 적극적으로 유아어를 사용하지 않도록 하는 것이 좋다는 설이 있을 정도다. 물론 유아어를 금함으로써 말하는 즐거움까지 빼앗아버려서는 안 된다. '멍멍이가 있었어.' 하고 아이가 말하면 '그래, 개가 있었어.' 하고 고쳐주는 것처럼 올바른 말을 자연스럽게 머리에 넣어주면 되는 것이다.

책이나 그릇의 정리를 아이에게 맡기면
판별 능력을 단련하는 좋은 기회가 된다

어른들은 의외로 깨닫지 못하고 있지만 선반에 질서 정연하게 놓여 있는 책이나 식기류는 항상 아이들의 호기심의 대상이 된다. 그것은 아이들이 손을 대어서는 안 되는 것인 동시에 아이들 나름대로 그 배열이나 분류에서 의미를 발견하고 있기 때문이다.

이와 같은 책이나 식기는 아이들에게 식별 능력을 기르게 하는 좋은 기회가 될 수 있다. 다시 말하면 책이나 식기는 모두가 같은 것 같으면서도 하나하나 미묘한 차이가 있고, 또 그룹을 이루고 있다. 이것을 아이들에게 맡겨서 정리하게 하면 하나하나의 공통점이나 차이점을 식별할 능력을 자연히 양성시킬 수 있는 것이다.

연필이나 종이를 몸 가까이에 놓아주는 것만으로도 문자나 그림에 친숙해지는 동기가 된다

흔히 화가의 자녀는 일찍부터 그림을 그리고, 작가의 자녀는 글자를 빨리 익힌다고 말한다. 물론 이것은 그 아이가 천부적인 재능을 타고난 것이 아니라 마침 그때 글자를 쓰거나 그림을 그리는 도구가 몸 가까이에 있는 환경에서 자랐기 때문이라고 할 수 있다.

작가나 화가의 자녀가 아니더라도 연필이나 화필이 일상적으로 주위에 있으면 아마 그것이 동기 부여가 되어 그런 환경에 있지 않은 아이에 비해 그림이나 글자를 일찍 익히기 시작할 것임에 틀림없다.

부모의 중요한 역할은 영재 교육과 같이 그림이나 글자를 억지로 가르치는 것이 아니라 그림이나 글자에 친숙하기 쉬운 환경을 만들어주는 것이다.

위험하다고 하여 높은 곳에 올라가지 못하게 하면 아이의 시야가 좁아진다

  NHK 방송국에서 아이의 시야를 주제로 한 프로는 앞에서도 이야기한 바 있다. 그때 리포터가 된 나는 혼잡한 도쿄 거리에서 아이의 눈과 완전히 같은 높이로 사물을 보는 일을 시도해 보았다. 카메라의 위치가 아이의 눈높이에 설정되어 있었기 때문에 이때 내가 본 사물은 이 프로를 본 사람들에게 그대로 전달되었을 것이다.

  결과를 한 마디로 말한다면 예상했던 그 이상으로 아이들의 시야가 좁다는 것이다. 아이들이 붐비는 거리에 서 있으면 어른이라는 절벽에 둘러싸인 골짜기에 있는 것과 같아 그것 이외에는 아무것도 보이지 않는다고 말해도 과언이 아니다. 그렇지 않아도 아이들 눈높이의 시선은 금세 그것을 막는 장애물에 부딪히게 마련인 것이다.

  이 실험을 통해 나는 아이들이 높은 곳으로 올라가고 싶어하는 이유를 새삼 알 수 있었을 뿐만 아니라 도리어 적극적으로 시야를 확장시키는 의미에서 아이들에게 높은 곳에서 물건을 보는 기회를 주는 것이 필요함을 통감했다.

어린아이들을 높이 들어올려 주면 좋아한다는 것은 누구나 알 것이다. 이것은 유아 교육의 선구자인 몬테소리 여사가 '유아는 감각적 인상에 굶주려 있어 눕혀진 채로 보이는 풍경에는 배가 부르지 않는다.'라고 말한 것과도 일맥상통한다.

사물을 보는 방법 자체가 변하고 시야가 넓어지는 것까지 포함하여 '높은 곳'에 올라가는 것을 위험하다고 금지하는 것은 참으로 애석한 일이다.

매일 같은 길을 걸어서 학교에 가면 언제나 같은 발상밖에 할 수 없다

전에 《회사 병리학(會社病理學)》이라는 책을 썼을 때 나는 창조적인 일을 하지 못하는 사원일수록 집→버스→전차→회사, 또는 회사→(대폿집)→전차→버스→집 등과 같은 통근 패턴을 10년 동안 매일 되풀이하고 있다는 예를 든 적이 있다. 그랬더니 이 책을 읽은 어떤 중간관리 직원으로부터 이 이야기에 자극을 받아 '하루에 하나의 다른 길 걷기'를 사원들끼리 채택하여 상당한 효과를 올리고 있다는 이야기를 들었다.

다시 말하면 아무리 일상적인 일에 쫓기고 있다 해도 하루에 한 번 평소와 다른 길을 걸어봄으로써 뭔가 새로운 발견이나 기분 전환이 가능하다는 것이다. 채플린의 영화 〈모던 타임즈〉에서 오토메이션 공장의 천편일률적인 작업의 반복이 공장을 그만둔 뒤까지 주인공의 동작에 남아 있었던 것을 상기하는 사람도 많을 것이다.

이와 같이 천편일률적인 행동은 인간의 두뇌까지 정형화하여 자유로운 발상을 할 수 없게 한다. 아직 백지 상태로 어떻게든 틀이 만들어질 수 있는 아이의 두뇌에 있어서는 더욱더 큰 문제라고 하지 않을 수 없다.

예컨대 학교에 오고갈 때 무의식중에 일정한 틀이 만들어져 고정화되어 버리는 경향이 있다. 반대로 생각해 보면, 언뜻 보아 그저 걷기만 하는 쓸데없는 시간으로 보이는 통학로를 매일 조금씩이나마 바꾼다면 아이의 두뇌에 좋은 자극을 주는 절호의 기회로 삼을 수도 있다.

'지정거림'을 금하면 아이는 성장할 수 없다

학교에 간 아이가 언제나 돌아오는 시간에 돌아오지 않는다. 심부름을 보낸 아이가 저녁이 되어도 돌아오지 않는다. 교통사고를 당한 것은 아닐까? 유괴된 것은 아닐까? 부모의 근심은 점점 커져만 간다. 이런 부모의 걱정을 아는지 모르는지 아이는 얼굴이 흙투성이가 되어 돌아온다. 이런 경우 당신이라면 어떤 태도를 취하겠는가?

지금까지의 근심은 어디론가 사라져버리고 아마 '어디서 꾸물거리다가 이제 오는 거야?' 하고 야단을 치고 싶을 것이다. 그러나 위험하다든가 교육상 좋지 않다든가 하고 말하기 전에 아이에게는 지체할 만한 충분한 이유가 있었다는 것을 우선 이해하기 바란다. 오는 길에 자기의 관심이나 흥미를 끄는 것을 만나면 최초의 목적에서 벗어나 새로운 것으로 곧 흥미의 대상을 옮겨버리는 것이 아이들의 심리다.

'지정거림은 나쁜 것이다.' 라는 부모의 고정관념만으로 아이를 꾸짖는 것은 흥미나 관심의 대상을 한정시켜 자칫하면 아이의 유연한 사고력을 하나의 틀 속에 가두어버릴 수도 있다.

아이들의 발전 과정으로 보아도 아이들은 본래 지정거리면서 성장해 가는 것이다. 여기서 부딪치고, 저기서 부딪치면서 아이들은 하나하나 새로운 것을 배워간다. 학교나 심부름을 갔다가 돌아오는 길에 지정거리는 것도 이와 마찬가지다. 부모가 주의해야 할 것은 금지하는 일이 아니라 지정거리면서 성장할 수 있는 따뜻한 환경을 만들어주는 것이다.

고독에 익숙해지는 공간을 만들어주면 생각하는 습관이 붙는다

우리나라 유치원에서는 집단성을 중요하게 생각하고 있다. 그러나 미국이나 유럽의 유치원에서는 아이들의 자주성을 중요하게 여기는 몬테소리 방식을 채택하여 '아이가 무엇인가에 열중하고 있을 때에는 설사 그것이 칭찬을 받기 위해서라고 해도 방해를 해서는 안 된다.' 는 것을 원칙으로 하고 있다. 사고 활동은 본래 고독한 가운데 행해져야 한다는 생각에서다.

그러므로 우리나라 아이들보다 미국이나 유럽의 아이들이 훨씬 혼자서 잘 논다. 아이가 생각하고 있을 때에는 가능한 한 혼자서 생각하게 한다는 생활 습관이 몸에 배어 있기 때문이다. 아이가 생각을 하게 하기 위해서는 혼자 있을 수 있는 생활 공간을 가능한 한 많이 만들어주어야 한다.

애완용 동물은 아이의 탐구심을 길러준다

나의 친구인 한 심리학자는 개와 고양이는 말할 것도 없고 원숭이까지 기르고 있다. 처음에는 그다지 내키지 않으나 동물을 좋아하는 아이의 열의에 이끌려 기르다 보니 아이의 지적 발달에 많은 도움이 된다는 것이다. 물론 단지 기르고 싶다는 마음만으로 얼마나 효과가 있을는지는 모르겠다.

그는 아이에게 동물을 기르게 하면서 자기 자신이 일체의 것을 보살핀다고 하는 조건을 붙였다. 그랬더니 아이는 스스로 동물의 식사를 책임지게 되자 친절이라든가 동정심 같은 인간에게 가장 중요한 감정이 눈에 띄게 풍부해졌다는 것이다. 또한 사물에 대한 탐구심도 왕성해지고 어른도 깨닫지 못한 동물의 생태를 지적하여 크게 놀라게 한 적도 있다고 한다. 게다가 학교 성적까지 향상되었으니 서툰 가정교사를 붙이는 것보다도 훨씬 효과가 있었다는 것이다.

하지만 그러한 효과들이 모두 애완동물을 기른 결과인가에 대해서는 지금부터 많은 연구를 할 필요가 있다. 그러나 아이가 애완용 동물을 기르고 싶어하면 부모는 일체 참견을 하지 않는 것이 좋다. 뿐만 아니라 아이가 단지 귀여워하는데 그치지 않고 관찰 결과를 기록하게 하는 등 학습의 일환으로 애완동물을 기르게 하면 아이의 지적 발달에도 큰 도움이 될 것이다.

요컨대 애완용 동물을 기르는 것이 좋으냐 나쁘냐가 아니라 그것을 어떻게 기르느냐가 문제인 것이다. 이 점에서 친구인 심리학자의 이야기는 여러 가지로 참고가 된다고 본다.

예능 교육 등의 과외를 강요하는 것은
아이의 두뇌를 학대하는 것이다

요즘 온통 재능 교육 붐이 일고 있는데 재능이라는 말을 혼동하고 있는지 예능이라면 무엇이든 가르치는 게 아이를 위한 것이라고 오해하고 있는 부모가 많다. 일찍 시키는 것이 좋다는 생각에서 피아노는 말할 것도 없고 유치원 아이에게 산수, 국어의 가정교사를 붙이는 부모까지 있다고 한다. 그 열성에는 머리가 숙여지지만 강제적인 예능 교육이야말로 아이의 재능을 신장시키기는커녕 오히려 있는 재능마저 없앨 수 있다는 것을 깨달아야 한다.

얼마 전에 한 어머니가 '최근 아이가 아무래도 하고자 하는 의욕을 잃고 아무것도 집중하지 못한다.'며 상담을 하러 왔다. 이야기를 들어보니 네 살 된 여자 아이를 일 주일에 두 번 그림 선생님에게 보내고, 역시 일 주일에 두 번 피아노와 영어 회화를 개인 교습을 받게 하고 있다고 했다. 이래서는 육체는 말할 것도 없고 두뇌까지 피로해져 예능 교육은 물론이고 놀고 싶은 마음조차 없어질 것이다. '좋아서 하는 일이 곧 숙달되는 길이다.'라고 말하는 것처럼 아이에게는 기꺼이 하고 싶어하는 일을 시켜야 비로소 그

재능도 신장되고 집중력도 길러지는 것이다. 부모의 욕심이나 취미로 예능 교육 등을 강요하는 일은 아이의 심신을 학대하는 것에 지나지 않는다.

특히 신경질적인 아이는 밖에서 노는 일에도 일일이 신경을 쓰기 때문에 피로의 정도가 더욱 심해진다. 하고자 하는 의욕을 상실하는 것은 어떤 의미에서는 두뇌의 학대에 대한 아이의 무언의 저항이라고도 할 수 있다.

외국어를 말하는 아이와 놀고 그 말을 듣는 것만으로도 어휘력의 밑바탕이 된다

캐나다의 언어 심리학자 와일더 펜필드 박사에 의하면 어렸을 때 외국어에 접촉하게 하면 두뇌에 언어 흔적이 남아 설사 그 외국어를 기억하고 있지 않아도 나중에 배울 때 놀랄 만큼 빨리 향상된다고 한다.

펜필드 박사 자신이 이런 체험을 했기 때문이다. 전에 스페인의 마드리드에 체류했을 때 다섯 살 된 아들과 함께 갔다. 아들은 3

개월 동안 스페인 학교에 다니며 그곳의 아이들과 뛰놀고 그들이 하는 말을 들으며 생활했다. 그러나 정식으로 스페인어를 배우지 않았기 때문에 스페인을 떠나자 곧 외운 말도 잊어버리고 말았다.

그런데 25년 후 30세가 된 아들이 직업상 필요하여 스페인어를 배우게 되었다. 이때 자신도 놀랄 정도로 매우 빠르게 향상되어 그 전에 들었던 악센트를 곧 익히게 되고 캐나다인 특유의 사투리가 없는 훌륭한 스페인어를 구사할 수 있었다는 것이다.

일반적으로 유럽인은 어학에 재능이 있다고 한다. 이것은 이웃 나라가 지리적으로 가깝고 게다가 왕래도 빈번하여 어릴 때부터 다른 나라 말이 귀에 익숙해져 있기 때문이라는 설도 있다. 다시 말하면 어릴 때 외국어에 접촉하게 하는 것만으로도 훌륭한 외국어의 기초가 만들어진다는 것이다.

그렇다고 외국어를 익히게 하는 환경을 조성한다고 하여 일찍부터 선생님에게 외국어를 배우도록 하는 것만이 능사는 아니다. 텔레비전이나 라디오의 어학 프로를 들려주는 것만으로도 환경 조성은 충분하다.

환경이 나쁘다고 부모가 걱정할 필요는 없다

아이들의 지능을 더욱 신장시키기 위해서 환경이 중요하다고 말하면 대부분의 부모는 지금 자기 아이가 놓여 있는 환경이 최고인가를 우선 문제로 삼을 것이다. 좀 더 조용한 방을 주어야 한다든가, 일찍부터 외국어에 친숙하게 해야 한다든가 하는, 인위적으로 환경을 조성해 주는 것이 제일 먼저 부모가 해야 할 임무라고 속단해 버리는 것이다.

이렇게도 해주고 싶고 저렇게도 해주고 싶은 부모의 마음을 모르는 바는 아니다. 그러나 오히려 지나치게 정비된 환경이 아이의 지적 발달에 장해가 되는 일도 적지 않다.

이웃집의 아이가 피아노를 배우니까 우리 집 아이도 피아노를 가르쳐야겠다든가, 아이의 친구가 학원에 다니니까 우리 아이도 학원에 보내지 않으면 안 되겠다든가 하는 부모의 경쟁심은 아이의 성장에 절대 플러스가 되지 않는다. 따라서 여러 가지 사정으로 가르치고 싶어도 가르칠 수 없다고 하여 부모가 걱정할 필요는 조금도 없다. 그런 것에 신경을 쓰다보면 오히려 역효과가 생겨 아이는 모든 책임을 환경의 탓으로 돌릴 수도 있다.

각계 유명인사의 어린 시절을 조사해 봐도 다른 아이에 비해 혜택 받은 환경에서 자란 사람은 그리 많지 않다. 부모 쪽에서도 그런 것은 전혀 신경 쓰지 않고 지금의 환경이 부모가 줄 수 있는 최선의 환경이라는 것을 떳떳하게 가르쳤다. 아이가 어떤 환경에 있든 하고자 하는 의욕만 길러주면 된다. 부모의 태도 여하에 따라서 좋은 환경도 나빠지고 나쁜 환경도 좋아지는 것이다.

열심히 놀고 열심히 공부한다

넷째 마당을 시작하면서

어른의 '놀이'와는 다른 아이의 '놀이'

일반적으로 우리는 '노는' 것을 싫어하는 것 같다. 옛날부터 '노는 사람'이라고 하면 무법자를 의미했으며 핸들놀이, 브레이크 페달놀이, 책놀이라 하면 이 모든 것이 쓸데없이 시간 낭비하는 것을 가리킨다. 그래서 '놀이'는 '일'이나 '성실함'의 반대어로서 그다지 탐탁하지 않은 이미지를 사람들에게 심어왔다.

물론 놀이는 현실로부터의 도피나 기분 전환, 쓸모없는 것에 정력을 소모하는 등 바람직스럽지 않은 일면도 있다. 그러나 한편 놀이 속에는 그 사람만이 알 수 있는 기쁨이나 즐거움이 있고, 때로는 스릴도 있다. 놀이에는 의식이나 습관에 구속되지 않는 마음의 자유가 있다. 이것을 창조 활동이라고는 말할 수 없어도 그것과 유사한 체험이라고는 볼 수 있지 않을까?

특히 아이들의 경우에는 모든 학습이 놀이에 포함되어 있다고 말해도 과언이 아니다. 공부와 놀이를 분명히 구분하자는 생각은 어른의 발상이며 아이들에게는 공부와 놀이가 따로 있을 까닭이 없다.

한편 미국의 아이들을 위한 텔레비전 프로 <세서미 스트리트>는 셋째 마당에서 언급한 것처럼 그 기본적인 아이디어를 텔레비전 CM에서 얻었다. 아이들은 CM에 특별한 흥미를 나타낸다. CM송은 금세 외워버리며 캐치프레이즈도 금방 외워 일상 회화 속에서 구사한다.

아이들이 그 정도로 CM에 흥미를 나타낸다면 CM의 기법을 사용하여 교육적 프로를 만들고 그것을 텔레비전을 통해 방송한다면 아이들은 부지불식간에, 다시 말하면 놀이 속에서 지적 흥미를 개발하는 것이 될 것이다. <세서미 스트리트>는 이와 같은 아이디어로부터 출발했다. 그 결과 예상대로 대성공을 거둬 현재 방영되고 있다.

역시 아이들의 지적 개발은 아이들이 재미있어 하고 즐기는 형태로 행해져야 한다. 이런 관점에서 오늘날 아이들이 기꺼이 하고 싶어하는 놀이를 다시 검토해 보면 거기에는 연구하기에 따라서 의외의 효용이 발견된다.

예를 들면 미국의 한 심리학자는 알파벳을 바둑판 모양으로 지면에 적고 돌차기와 같은 놀이를 하면서 알파벳이나 간단한 단어의 철자를 학습시켜 큰 성공을 거두었다.

또한 내가 유아 문제를 연구하고 있는 유아개발협회에서는 현재 실험 단계이기는 하지만 아이에게 연극을 시키거나 오페라를 하게 하는 가운데 점차 영어 대사를 익히게 하고 있다.

아이들은 소도구를 사용하여 교대로 극중의 인물인 양 몸짓, 손짓을 하고 영어 대사를 입 밖에 내고 있는 동안에 자연히 영어 발음에도 익숙해지고 대사의 의미도 알 수 있게 된다. 즐기면서 영어 회화에 친숙해질 수 있는 것이다.

이것은 우리들이 일상에서 명백히 경험하고 있는 것처럼 같은 노고라 할지라도 일이냐 놀이냐에 따라 느낌이 전혀 달라진다. 예를 들면 10킬로미터의 비탈길을 일을 위해 다녀오라고 한다면 대개 싫은 표정을 지을 것이다. 그러나 같은 10킬로미터라도 등산이나 골프인 경우에는 평소에 자동차만 타고 다니는 사람들일지라도 신이 나서 걸어간다. 게다가 피로의 느낌도 전혀 없다. 생각해 보면 참으로 터무니없는 이야기지만, 그러나 이것은 어디까지나 인간 심리에 속하는 일이다. 그렇다면 당연히 아이들의 학습에도 이 원리를 응용할 수 있을 것이다.

놀이가 갖는 자발성이야말로 중요한 것이다

아이들이 즐기면서 할 수 있다는 것은 다른 관점에서 보면 아이들의 자발성이 충분히 발휘되고 있다는 것을 의미한다. 나는 학습에 있어 이와 같은 자발성이 특히 중요하다고 생각한다. 이것도 우리가 일상에서 명확히 경험할 수 있는 것이지만, 공부를 할 때 진실로 몸에 익힐 수 있는 것은 자발적으로 하고 싶어한 공부다.

그러나 아무런 문제 의식도 없이 다만 부모의 말에 따라 학교에 다니고 있는 아이는 무엇을 시켜도 제대로 익힐 수가 없다. 그러므로 문제는 어떻게 해야 자발적으로 공부하고자 하는 생각을 갖게 하느냐다.

그런데 이와 같은 동기 부여의 원리로서 심리학에서는 때때로 상벌의 효용이 논의된다. 성공하면 상을 주고 실패하면 벌을 주는 것이다. 그 어느 것이나 밖으로부터의 채찍과 미끼로 동기를 부여한다는 점에서 '외적 동기 부여'라고 하고 있다. 이에 대해 학습자 자신이 학습 그 자체에 흥미를 가지고 자발적으로 학습을 진행시켜 가는 것을 '내적 동기 부여'라고 부른다.

학습 능률이 오르는 것은 물론 이 '내적 동기 부여'가 성공하고 있을 때인데 아이가 놀면서 학습한다는 것은 바로 이 내적 동기 부여가 완전히 행해지고 있는 상황인 것이다.

이미 되풀이하여 이야기해 온 것처럼 아이들의 머리를 좋게 하는 최대의 조건은 아이들의 피가 되고 살이 되는 갖가지 능력의 기초를 조성해 주는 일이다. 그리고 그 최대의 지름길은 아이들이 즐기면서 배우는 것이며 그것은 놀이 속에서 가장 잘 달성된다.

넷째 마당에서는 놀이를 이와 같은 관점에서 다시 음미하는 동시에 놀이와 학습과의 관계와 그것이 어떻게 아이들의 머리를 좋게 하는가에 대한 문제를 생각해 보고자 한다.

아이의 머리는 쓰면 쓸수록 좋아진다

　보통의 기계라면 사용하면 사용한 만큼 상하거나 마모되어 성능이 떨어지지만 인간의 두뇌는 이와는 달리 사용하면 사용할수록 거의 무한정으로 그 가능성을 펼칠 수 있다는 것이 대뇌생리학이나 심리학의 연구로 알려진 사실이다.

　사람에 따라서는 약 140억의 뇌세포 중 겨우 5퍼센트 정도만 사용하고 나머지 95퍼센트는 잠든 채로 있다고까지 말하고 있다. 흔히 아이에게 지나치게 지식을 주입하면 머리가 터져버린다고 걱정하는 사람이 있지만 그것은 전혀 쓸데없는 걱정이다.

　그것보다는 오히려 머리를 사용하지 않아 머리의 작용이 둔해지는 것을 걱정해야 할 것이다. 우리가 병으로 반년만 자리에 누워 있어도 즉시 발의 근육이 약해지는 것을 생각해 보면 잘 알 수 있다. 마찬가지로 뇌세포도 사용하지 않고 있으면 그 환경에 적응하여 발달의 정체나 노화와 유사한 현상이 일어난다.

　그렇다고 해서 나는 여기서 아이에게 주입식 교육을 장려하고 싶은 마음은 전혀 없다. 그렇게 하지 않더라도 즐겁고 자발적으로 머리를 단련시키는 방법은 얼마든지 있다.

아이들의 놀이가 그 대표적인 것 중의 하나다. 어머니에게 약간의 아이디어와 노력, 이론을 근거로 한 기초 지식만 있다면 단순한 놀이도 충분히 머리를 좋게 하는 도구가 될 수 있다. 그것을 터득하는 것이 부모의 의무라고 말할 수 있다.

'열심히 놀고 열심히 공부하는 것'이 머리에는 최상의 건강법이다

일반적으로 '열심히 공부하고 열심히 놀아라.' 라고 말하지만 아이들 머리의 발달에 있어서는 오히려 '열심히 놀고 열심히 공부하라.' 라고 바꿔 말해도 좋을 만큼 놀이가 차지하는 비중은 크다. 다시 말하면 아이들은 놀이를 통해 실로 여러 가지 것을 배우고 있다.

'노는 데 정신이 팔린다.' 고 말하면 어른들 세계에서는 비난을 받을지 모르지만 아이들 세계에서는 '열심히 공부하고 있는 것'과 같다.

나 자신의 소년 시절을 회상해 보더라도 소년 시절부터 '공부해라, 공부해라.' 라고 부모에게 들볶여서 제대로 놀 틈도 없었던 아이와 반대로 노는 데 정신이 팔려 공부할 수 없었던 아이를 비교할 때 후자 쪽이 후에 향상되고 발전하는 경우가 많았다. 또한 학교 시절에는 놀기만 했던, 그래서 학업 면에서는 전혀 별볼일없었던 친구가 지금은 최고의 두뇌를 요구하는 큰 회사의 간부가 되어 활약하고 있는 예도 적지 않다.

이것은 두뇌 발달에 있어 자발성이 얼마나 중요한가를 말해 주고 있는 것이다. 아이들이 어른에게 의지하지 않고 참으로 자기의 머리로 생각하는 것은 놀이 때밖에 없다. 그러므로 머리의 훈련에 놀이를 가장 유효하게 응용하도록 해야 한다.

놀이는 당연히 몸을 움직이지 않으면 안 되기 때문에 몸의 건강을 위해서도 불가결한 것이다. 그러나 이것 이상으로 아이들의 두뇌 건강에 미치는 요소 또한 크다고 말할 수 있다.

아이의 놀이도 부모가 약간의 힌트만 주면
보다 높은 지적 게임이 된다

어떤 초등학교에서 이런 이야기를 들은 적이 있다. 여러 가지 놀이를 잘 알고 있는 남자 아이가 있었는데 학교 친구는 물론 어른들에게까지 놀이의 상대가 되어달라고 졸라댄다는 것이다. 사실 그 아이는 트럼프든, 게임이든 규칙을 올바로 알고 있어 어른의 상대로서도 손색이 없었다. 대단히 머리가 좋은 아이라고 생각하고 있었는데 그에 비해 성적은 그다지 좋은 편이 아니었다.

이상하게 생각하여 그의 놀이를 관찰해 보니 다른 아이들과 약간 다른 점이 있었다. 친구들과 놀면서 '○○을 해서는 안 되는 거야.' '이것은 ○○해야 돼.'라며 마치 어른이 아이에게 말하는 것처럼 간섭을 하고 있는 것이다.

여기에는 분명히 부모의 평소 태도에 영향을 받았다는 것을 인정하지 않을 수 없다. 다시 말하면 부모가 아이와 놀아주지 않으면 안 된다는 지나친 의무감이 결과적으로 아이의 놀이를 감시하는 것이 되었고, 아이는 아이대로 놀이를 '틀'에 끼워넣어 버리는 경우가 많았던 것이다. 이렇게 해서는 아이가 진실로 놀이의 주인

공이 되어 자기의 머리로 고안하여 즐긴다는 놀이 본래의 의미가 희박해진다.

부모는 어디까지나 아이의 놀이를 간섭해서는 안 된다. 다만 때때로 아이와 함께 노는 심정으로 기회를 보아 약간의 힌트를 줌으로써 그 놀이에서 다른 재미를 발견하게 하거나 자기가 더욱 연구할 수 있도록 만드는 것으로 충분한 것이다.

아이가 놀이에 열중하고 있을 때에는 아무리 유익한 조언도 유해한 잡음에 지나지 않는다

인간 두뇌의 힘은 아무리 훌륭한 창조력이나 표현력, 판단력의 가능성을 가지고 있어도 대상에 대한 철저한 집중력이 없는 한 현실로는 발휘되지 않는다. 그런 의미에서 어릴 때부터 일정 시간 사물에 집중할 수 있는 능력을 터득하는 일이야말로 매우 중요하다. 그런데 이것에 큰 적이 되는 것이 하나 있다.

그것은 아이가 놀이에 열중하고 있을 때 부모가 무신경하게 주는 조언이나 충고, 또는 질책이다. 아이가 침묵하고 무엇인가에 열중하고 있을 때에는 아무리 유익한 조언이라도 아이의 집중력을 약화시키고 나아가서는 마음이 산란해지기 쉬운 아이로 만들어버리는 '잡음'이 될 뿐이다.

때로는 장난감에 붙어 있는 설명서 없이 놀게 해본다

때때로 아이들은 기상천외의 발상을 하거나 어른이 깜짝 놀랄 만한 말을 하기도 한다. 이것은 우리 어른에 비해 아이의 두뇌가 얼마나 유연하며 사물에 대한 다방면의 견해가 가능하다는 것을 보여주는 좋은 예다.

이와 같은 아이 뇌의 유연성을 충분히 이끌어내기 위해서는 가끔 장난감에 붙어 있는 놀이 방법이나 만드는 방법의 설명서를 무시해 보는 것도 효과적인 방법이다.

각각의 장난감에는 노는 방법이나 만드는 방법이 있다. 그러나 그것은 어른이 생각하는 범위 내에서 만들어져 있다. 예를 들면 부품을 조립하는 장난감에서는 그것을 만드는 방법을 모르면 언뜻 보아 의미가 없는 것처럼 생각되기도 한다.

그러나 이것은 완전히 어른의 기우이며, 아이는 아이 나름으로 생각하여 장난감을 완성할 수 있다. 이 부품과 이 부품은 어떤 관련이 있는 것인가 하고 생각하거나 부품의 특징과 기능 등을 생각하게 된다. 이것은 설명서대로 아무 생각 없이 척척 조립하는 것보다 훨씬 효과적이다. 이때 만일 어른이 생각하는 완성품과 다른 형태의 작품이 완성되었다고 하더라도 그것은 그것대로 크게 평가되어야 한다.

무엇보다도 아이들에게는 훌륭한 발상이 있는 것이므로 그것을 무시한 채 어른의 생각을 강요하여 그대로 하게 하는 태도야말로 개선되어야 할 점이다.

완성된 장난감은 주지 않는 것이 좋다

최근 아이들의 장난감 중에서 마음에 들지 않는 것은 완제품이거나 약간만 조립하면 곧 완성되는 반완제품이 대부분이라는 점이다. 나뭇잎이나 길가의 돌을 여러 가지로 고안하여 장난감을 대신했던 우리의 어린 시절과 비교하면 격세지감이 있으나 창조성의 면에서 생각하면 이것은 바람직한 현상이라고 볼 수 없다.

아이들에게 있어서는 자기 주위에 있는 모든 것이 장난감이다. 그때그때의 놀이에 맞춰서 돌멩이나 나무토막을 어떻게 고안하여 살리는가, 바로 여기에서 창조의 싹이 움트는 것이다. 지혜도 필요치 않은 완성된 장난감은 아이에게도 매력이 없는 것임에 틀림없다.

장난감을 줄 때에는
한 개만 주는 것과 여러 개를 주는 것을 반복한다

우리가 사회에 나오면 갖가지 일을 병행하여 진행시키는 능력이 필요하다. 나의 경우를 예로 들어봐도 대학에서 강의를 하는 한편 유아 교육, 지진이 일어났을 때의 심리학의 연구, 게다가 매스컴의 일, 강연을 하는 것과 같이 항상 머리의 전환이 필요하다. 그러나 분주한 것의 이점도 있다. 신선한 자극을 받음으로써 머리의 움직임이 활발해지기 때문이다.

아이들의 경우도 마찬가지다. 예를 들면 장난감을 줄 때에도 여러 가지로 궁리하여 변화를 주는 것이 좋다. 이렇게 새로운 상황을 부여하여 머리를 여러 각도로 쓰게 하는 것이 아이들의 머리에 무엇보다도 좋은 '활성 비타민제'가 되기 때문이다.

하나의 장난감으로 놓는 방법을 바꾸는 것만으로도 새로운 놀이를 생각하게 하는 계기가 된다

'아이들은 놀이의 천재'라는 말은 참으로 훌륭한 말이다. 아이들은 어떤 상황에서도 차례차례 새로운 놀이를 고안해 간다. 휴일에 약간 색다른 장소로 데려갔을 때 그들의 눈빛을 보면 쉽게 알수 있다. 서 있는 나무 한 그루, 흐르는 한 줄기의 물을 보아도 즉시 그것을 소재로 새로운 생각을 하는 것이다. 그러므로 부모가 갖가지 다른 상황을 설정해 주는 일이야말로 아이들의 창조욕을 채워주고 생각하는 힘을 신장시켜 주는 것이 된다.

이것을 위해서는 대단한 연구가 필요한 것도 아니다. 예컨대 우리가 하고 있는 창조성 개발 훈련 방법의 하나로 체크 리스트법이라는 것이 있다. 이것은 신제품 개발의 아이디어를 내는 문제가 있다고 하면 우선 하나의 기본형을 설정하여 이것을 거꾸로 한다면, 더욱 작게 한다면, 크게 한다면, 비스듬히 한다면 등등 갖가지 체크 리스트에 적용시켜 생각해 가는 방법이다.

이 사고 방법을 아이들의 놀이에 응용하면 큰 효과를 얻을 수 있다. 내가 아는 사람의 아이만 보더라도 우연히 거꾸로 놓여 있는 세발자전거를 보고 그 페달을 빙빙 돌려 사이렌 소리를 내기도 하고, 청소하기 위해 거꾸로 세워놓은 테이블의 다리를 고리 던지기의 표적 기구로 사용하기도 한다.

이와 같이 장난감의 놓는 방법을 조금 바꾸는 것만으로도 새로운 생각을 끌어내거나 하나의 장난감으로 여러 가지 놀이 방법을 생각하는 계기가 될 수 있다.

장난감이나 도구는 다소 부족한 편이 좋다

외국 생활을 오래 한 상사에게서 들은 이야기인데 우리의 부모만큼 아이에게 장난감을 사주려고 하는 사람도 없다고 한다. 이에 비해 외국의 부모는 크리스마스나 생일 이외에는 절대로 장난감을 사주지 않는다는 것이다. 장난감을 너무 많이 사주면 성격이 산만해지고 사물에 대한 집중력이 길러지지 않는다는 이유 때문이다. 그런 만큼 외국의 아이들에게는 크리스마스나 생일이 특별히 즐거운 날인지도 모른다.

장난감을 사주면 성격이 산만해진다고 말하면 부모의 입장에서는 맹랑한 일이겠지만, 확실히 부모가 지나치게 많은 장난감을 사주어 기른 아이는 성격이 변덕스럽고 싫증을 잘 내는 것 같다. 게다가 그런 아이는 스스로 놀이를 고안해 내지도 못한다. 마치 지나치게 많은 장난감에 둘러싸여 장난감의 노리개가 되어 몸을 꼼짝 못 하고 있는 것과도 같다.

아이의 발전 단계를 생각해 봐도 장난감이 없으면 놀 수 없는 시기는 기껏해야 3, 4세 정도까지다. 5세를 지나면 장난감이나 도구가 없어도 자기가 연구하여 얼마든지 놀 수 있다. 아이는 성장함에 따라 부모가 생각하는 만큼 장난감이나 도구를 필요로 하지 않는다. 이런 아이에게 언제까지나 장난감을 사주는 것은 놀이를 통해 자연히 두뇌를 발달시키는 것을 막는 것과 같다. 장난감이나 도구가 부족한 듯해야 비로소 아이는 자기의 창의력을 살려 필요한 장난감이나 도구를 만들어내는 것이다.

종이접기를 접는 것뿐만 아니라
펴는 것으로도 지적 유희가 된다

　오사카 시립대학 의학부 교수였던 나카 슈조 씨는 손가락 끝을 복잡하게 사용하는 종이접기가 아이의 지능이나 언어 발달과 밀접한 관계가 있다는 것을 강조하고 있다. 나도 여기에 전적으로 동의한다.

　그는 종이접기에서 제일 처음 접을 때 정확히 접지 않으면 작품이 완성되지 않는 점을 주목하고 종이접기의 '논리성'을 지적하고 있다. 다시 말하면 맨 처음에는 그다지 대단한 착오로 보이지 않았던 접은 자국이 접어서 겹쳐가고 있는 동안에 잘 맞지 않게 되고 결국에는 불완전한 것밖에 만들어지지 않는다. 이것으로부터 사물의 순서를 정해 생각하고 조작하는 것의 중요성을 배울 수 있다.

　나는 이와 같은 종이접기의 기본적인 특징에 더해, 특히 어린아이에게 종이접기를 가르칠 때에는 종이를 접게 하는 일보다도 도리어 펴는 것부터 시작하는 것이 좋다는 것을 주장하고 싶다.

　보통 종이접기를 가르칠 때에는 어른이 한 번씩 접어서 보여주고 아이가 그것을 흉내 내는 패턴이 반복된다. 이렇게 하는 방법이, 접는 법 그 자체를 빨리 익히는 데에는 도움이 될지 모르나 자신이 접는 방법을 발견하는 즐거움은 적을 것이다. 그러므로 처음부터 먼저 완성품을 건네주고 그것을 접은 역순으로 차례로 펴게 하여 어떠한 순서로 그것이 만들어졌는가를 보여주는 것이다.

이렇게 하면 정확히 한 장의 종이로 학이나 배가 만들어지는 순서를 거꾸로 더듬어가게 되고 종이접기에 숨겨진 논리성을 스스로 발견할 수 있게 된다. 물론 최초에 접는 방법을 가르친 다음 펴 보이는 방법도 효과가 있을 것이다.

실내 게임에서 상대에게 '좀 기다려.'라는 말은 머릿속으로만 해야 하는 말임을 가르친다

실내 게임에서는 자기의 수를 쓰기 전에 생각하는 시간을 가짐으로써 비로소 두뇌 훈련으로서의 의미가 있는데, 그 의미를 반으로 줄여버리는 것이 소위 '좀 기다려 달라.'고 하는 말이다. 만담에서 장기를 두는 장면이 나오면 반드시 '잠깐 기다려.'라고 말하는 쪽은 노인이다. 그러나 아이들도 노인과 마찬가지로 충분히 생각하지 않고 행동으로 옮기는 경향이 있다.

심리학에서는 인간을 충동형과 숙려형의 두 가지 타입으로 나누는데 '잠깐 기다려.' 라는 말을 많이 사용하는 것은 반응 시간은 짧지만 실수가 많은 충동형 인간을 만들게 된다. 아이들에게 '잠깐 기다려 달라.' 고 말하는 것은 행동하기 전에 머릿속으로만 하는 것임을 가르칠 필요가 있다.

'말잇기놀이'는 빠르게 대답하는 데 의미가 있다

전자계산기의 성능을 재는 기준의 하나로 '접근 시간(access time)' 이라는 것이 있다. 이것은 기계 속에 짜넣어진 수많은 정보 속에서 어떤 조건에 맞는 정보만을 어떻게 재빨리 꺼내오는가를 측정하는 것이다.

인간의 두뇌에서도 이 접근 시간과 마찬가지로 요구되는 정보를 얼마나 빨리 뇌세포 속에서 발견해 낼 수 있는가가 성능의 좋고 나쁨을 결정하는 기준이 되고 있다. 이른바 머리가 얼마나 빨리 회전하는가 하는 것은 대부분 이 성능에 의한 것이다.

이 성능을 높이기 위하여 내가 권하고 싶은 것은 전부터 우리 아이들 사이에서 행해지고 있는 '말잇기놀이'다. 이 놀이는 두말할 필요없이 앞사람이 한 말의 끝소리로 시작되는 새로운 말을 차례로 이어가는 놀이이므로 당연히 언어 능력이 필요하다. 그러나 종래와 같이 무턱대고 다음에 이을 말을 발견하는 것으로 그치는 것이 아니라 가능한 한 빨리 대답을 하게 하는 것이야말로 이 놀이를 유용하게 하는 것임을 강조하고 싶다. 다시 말하면 틈을 주지 않는 응답 훈련을 이 놀이 속에서 되풀이하는 동안 전자계산기에서 말하는 접근 시간이 단축되어 회전이 잘 되는 두뇌가 만들어진다는 것이다.

현대에는 특히 모든 행동이나 사고에 순발력이 요구되는 시대인 만큼 '말잇기놀이'로 대표되는 이러한 반응 훈련은 아이들의 지적 발달에 꼭 필요한 것이다.

엎어놓은 트럼프 속에서
같은 수의 카드를 맞추는 게임은
아이의 두뇌에 강한 자극을 준다

엎어놓은 52매의 카드 속에서 같은 수의 카드를 맞추어가는 게임은 아이들에게 대단히 인기 있는 놀이다. 어른과 아이가 함께 이 게임을 할 경우 대부분 아이가 이기는 것도 인기에 중요한 역할을 하는 모양이다.

아이들이 이런 종류의 게임에 어른이 깜짝 놀랄 정도의 능력을 나타내는 것은 카드의 위치를 개별적·분석적으로 외우는 것이 아니라, 전체적으로 하나의 통합된 패턴으로서 파악하고 있기 때문이다.

다시 말하면 어른은 '오른쪽 구석의 세 번째' 라든가 '중앙 부근에 있는 약간 비스듬히 된 카드' 따위와 같은 기억 방식을 쓰지만, 아이들은 전체의 배열을 하나의 패턴으로서 직관적으로 포착하고 있다. 그러므로 생각한다기보다 반사적으로 카드의 위치를 맞추어간다.

이와 같은, 말하자면 동물적·본능적이라고도 할 수 있는 능력은 어른이 됨에 따라 다른 갖가지 지적 능력에 밀려 희박해져 가지만 그래도 어릴 때 이런 종류의 훈련을 충분히 받은 아이는 뛰어난 직관력과 기억력을 계속 가지고 있는 것 같다.

어른의 경우 적어도 신경쇠약에 걸릴 정도로 정신 집중을 필요로 하는 이 게임이 아이들의 두뇌에 강한 자극을 주지 않을 리 없다. 이런 게임은 직관적 파악을, 곧 동작이나 행동으로 옮겨가는 기민성을 기르는 데에도 큰 효과가 있다. 물론 분석적으로 낱낱의 카드의 위치를 외우는 것도 훌륭한 두뇌 훈련이 되는 것임엔 틀림없다.

장기는 말을 움직이지 않고 생각하는 데 의미가 있다

장기는 상대를 '궁지로 몰아넣는' 것이 목표라고 말해지고 있는 것처럼 확실히 이치로 따지고 드는 게임이다. 그렇기 때문에 단순히 게임으로서의 재미뿐만이 아닌 갖가지 효용이 인정된다.

예를 들면 일본장기연맹이 주최하는 아이들을 위한 장기회에서는 창설시에 예상도 하지 못한 정도로 참가하고 있는 아이들의 학교 성적이 올라가는 데 놀라고 있다고 한다. 이 모임의 창립자인 한 사람은 자기 아이가 학업이 뒤떨어져 걱정하고 있었는데 장기를 시작한 후 아이의 성적이 대단히 올라갔고 게다가 몸까지 튼튼해졌다고 보고하고 있다.

또한 경영의 귀신이라고 하는 마쓰시타 고노스케 씨가 종종 어릴 때 장기를 두었다고 말하는 것처럼, 창조적인 일을 하는 사람들 중에는 의외로 장기를 좋아하는 사람이 많은 것도 사실이다.

장기뿐만 아니라 이런 종류의 게임은 상대가 자기의 작전을 깨닫지 못하도록, 또 상대의 수를 여러 가지로 검토하기 때문에 머릿속에 보면(譜面)을 구성, 몇 수나 앞을 내다보는 것에 특징이 있다. 다시 말하면 실제로 말을 움직이지 않고 머릿속에서 모든 가능성을 검토하고 결론을 내는 고도의 추리 게임인 것이다.

그러므로 아이와 장기를 둘 때에는 적극적으로 이러한 특징을 최대한 살리도록 노력해야 한다. 말을 빨리 둘 수 있으면 그 이상 좋은 일은 없으나, 제멋대로 말을 움직여 우연히 이길 기회를 잡는 것보다 어디까지나 머릿속에서 논리를 구성하는 사고 훈련으로써 활용해야 할 것이다.

'승부를 겨루는 놀이'는
'이기는 것'에 집착하기 때문에 집중력이 길러진다

　바둑이나 장기와 같은 지적 게임이 아니더라도 흔히 '승부를 겨루는' 여러 가지 게임에도 아이들의 지적 발달을 촉구하는 여러 가지 요소가 있다. 앞의 항목에서 이야기한 추리력도 물론 필요하지만 그 이외에 한 가지 일에 끝까지 집중하는 힘을 기를 수 있다는 점도 지나칠 수 없다. 그 집중력의 근원이 되는 것이 바로 '이기고 싶다.'는 일념이다.

　어쨌든 '승부를 겨루는 게임'이라면 도박 따위와 같은 나쁜 이미지가 있어 어머니들에게 호감을 못 얻는 것도 사실이지만 아이들의 마음속에 있는 지고 싶지 않다는 필사적인 마음이야말로 집중의 에너지를 산출해 내는 것이다.

바둑돌은 산수 성적을 올리는 최상의 장난감이다

바둑이 9단인 다카가와 가쿠 씨가 이런 말을 한 적이 있다. 초등학교에 들어가기 전부터 바둑을 좋아하는 아버지 곁에서 바둑판을 지켜보거나 바둑돌을 가지고 노는 동안에 자연히 바둑을 배웠다는 것이다. 그런데 웬일인지 초등학교 때부터 산수 문제는 풀지 못하는 것이 없었다고 한다.

장기의 예와 마찬가지로 이것은 다카가와 씨만의 특수한 예는 아니고 실은 누구에게든 있을 수 있는 일이다. 게다가 바둑은 장기와 똑같은 효용을 가지고 있을 뿐만 아니라 유소년기에 더욱 적합하다는 특징이 있다. 왜냐하면 유아기의 두뇌에 가장 중요한 것은 앞에서도 언급한 것처럼 어떤 것을 분석·구분하여 이해하는 것이 아니고 하나의 덩어리로서 전체적·직관적으로 파악하는 '패턴 인식' 의 훈련인데, 바둑돌은 이 훈련에 가장 적합하기 때문이다.

바둑돌은 흑과 백이라는 대조가 두드러진 두 종류의 돌로 되어 있는데다 그 모양이나 두께가 모두 같고, 바둑판 또한 같은 모양의 반복이다. 패턴 인식의 훈련에서 무엇보다도 필요한 것은 이와 같은 단순함이며 그 단순한 요소의 짜맞춤에 의해 무수한 패턴이 만들어진다. 그 패턴의 변화에는 수학의 기초가 되는 정밀한 논리성이 있는데 그것을 논리에 의하지 않고 직관적으로 파악하는 훈련을 부지중에 할 수 있는 것이다. 물론 바둑을 못 두더라도 '바둑돌놀이' 만으로도 충분히 이와 같은 효과를 얻을 수 있다.

'숨바꼭질'할 때에는 찾으러 다니기 전에 미리 말로 맞히는 것도 사고 훈련의 한 방법이다

'숨바꼭질' 도 아이들의 인기 있는 놀이 중의 하나인데 이 놀이에 아이가 흥미를 나타내기 시작하는 초기 무렵에는 아직 이 놀이의 영어명 'HIDE AND SEEK(숨고 찾는다.)' 에 있는 '찾는' 쪽에는 그다지 비중이 놓여 있지 않다. 유아 교육의 선구자인 몬테소리 여사가 지적하고 있듯이 초기의 '숨바꼭질' 은 정해진 곳에 정해진 사람이 숨어서 재미있게 노는 '까꿍' 의 변형이다.

이 단계를 지나면 같이 놀아주는 어른은 조금씩 숨는 장소를 바꿔 점차 의외의 장소를 선택하도록 해야 한다. 이 단계가 되면 아이의 두뇌는 눈부신 회전을 시작할 것이다.

반대로 자기가 숨는 경우에도 아이는 어떻게 해야 '술래'가 생각지 못하는 독창적인 장소를 찾을까 하고 열심히 생각하게 된다. 만일 아이가 '술래'가 되면 다만 제멋대로 짐작하여 여기저기 찾아다니는 것이 아니라 숨는 장소를 추리시켜서 '○○는 어디, 엄마는 어디'라는 식으로 말로 맞히게 하는 것도 아이의 사고 훈련을 위한 한 가지 방법이다.

특히 최근의 주택 사정으로는 '숨바꼭질'을 할 수 있을 정도로 넓은 집은 좀처럼 찾기 힘들다. 만일 제멋대로 짐작하여 찾아다니면 곧 발각되어 게임의 재미도 그만큼 반감될 것이다. 그런 의미에서도 찾아다니기 전에 우선 생각하게 할 필요가 있다.

아이가 '탈것놀이'를 하고 있을 때에는 차표가 없는 승객이 되어본다

아이들 놀이 중에서도 '쇼핑놀이'와 '탈것놀이'와 같은 흉내를 내는 놀이는 말에 의해 가공의 상황을 만들어내고 그 말에 반응하면서 노는 것이기 때문에 아이의 두뇌에 대단히 좋은 영향을 미친다고 한다. 이른바 '상징화'라는 작용이 요구되기 때문이다. 그런데 이것과는 별도로 아이가 '탈것놀이'를 하고 있을 때 부모가 차표를 갖지 않은 승객이 되는 등 가능하면 매번 형태를 바꾼 역할을 하게 되면 또 다른 효과를 기대할 수 있다.

아이에게 있어 이런? 아니?와 같은 현실에 대한 이화감(異和感)은 모든 창조의 출발점이 된다. 차표를 가지고 있지 않은 승객에게 어떻게 대처할 것인가 하는 어려운 문제에 직면했을 때 아이의 두뇌는 급속도로 회전하기 시작한다. 이 놀이는 현실적·구체적인 제약에서 벗어나 자유롭게 사물을 생각하는 힘을 기르는 데 의미가 있는 것이므로, 해결책은 엉뚱하면 엉뚱할수록 좋다. 아이와 함께 이런 놀이를 하고 있으면 부모에게도 머리를 씻어낼 수 있는 다시없는 기회가 될 수 있다.

이 외에도 '흉내 내기 놀이'는 지적 능력과 관계 있는 언어 능력을 길러주는 효과가 있다. 자기가 살고 있는 세계가 좁은 아이는 이와 같은 놀이를 통해 새로운 세계의 말을 배우고 동시에 다른 세계를 가상 체험함으로써 자기의 세계를 넓혀가는 것이다.

아이에게는 어지럽히는 일도 두뇌 활동의 하나다

영국의 서머 힐에서 시작되어 미국에서도 유행하고 있는 서머 힐 유치원에 가보면 교실에 장난감이나 교재를 있는 대로 흩뜨려 놓고 잡동사니 속에서 공부(?)하고 있는 아이들을 볼 수 있다. 만약 우리 어머니들이 이 장면을 본다면 대개는 놀라서 눈을 둥그렇게 뜨거나 이렇게 하면 칠칠치 못한 아이가 되지 않을까 하고 염려하게 될 것이다. 확실히 어른의 눈으로 보면 무질서하고 지저분하게 보일 수밖에 없다.

그러나 이 어수선한 환경도 아이에게는 분명히 의미가 있고 논리정연한 것이 많다. 요컨대 장난감 나무는 집이나 백화점이고, 고속도로로 가정한 레일 위를 미니카에 인형을 태우고 달리는 것처럼 모든 장난감을 여러 가지로 연결하여 상상의 세계를 달리고 있을지 모르는 것이다. 이때 한 개 한 개의 장난감을 분리시켜 그 때마다 뒷처리를 하려는 부모나 선생님의 간섭만큼 부주의한 것은 없다.

장난감 나무를 가지고 놀 때에는 장난감 나무만으로, 미니카를 가지고 놀 때에는 미니카만으로 놀게 하려는 것은 아이의 자유로운 발상을 억누르게 하는 것이다.

아이들은 인형과 대화를 나눌 수도 있고 장난감 나무를 전차로 재빨리 바꾸는 일 등은 식은 죽 먹기로 하는 상상의 천재다. 이러한 상상력을 기르기 위해서도 뒷처리를 너무 강요하지 않는 것이 좋다.

가끔 아이에게 잡동사니를 정리시키면 지적 재산으로서의 가치가 증가한다

당신도 경험한 적이 있겠지만, 어린 시절에는 어른의 눈으로 보면 극히 하찮은 나뭇조각이나 돌멩이인데도 큰 애착을 갖는다. 어느새인가 이러한 잡동사니들로 아이의 서랍이 가득 차 있는 일도 적지 않다. 이 서랍을 미국에서는 시크릿 클로짓, 다시 말하면 '비밀의 서랍'이라고 부르고 있다. 참으로 아이들에게는 이들 잡동사니가 어른에게 알리고 싶지 않은 '비밀의 보물'인 것이다.

왜 '비밀의 보물'인가 하면 아이들은 어른으로서는 전혀 알 수 없는 특별한 의미를 이 잡동사니에서 발견하고 있기 때문이다. 그리고 어른뿐만 아니라 다른 어떤 아이들도 알 수 없는 자기만의 가치를 발견하고 있을지도 모른다. 하찮은 나뭇조각이 자동차가 되기도 하고, 인형의 대역을 하거나 뭔가 새로운 장난감의 부속품이 되기도 한다.

이런 아이들의 흥미나 관심은 나날이 변화하고 있다. '비밀의 서랍'의 내용물 또한 시간과 함께 그 가치가 변하는 것은 당연하다. 그러므로 가끔 아이들에게 잡동사니를 전부 꺼내 정리시키는 것도 필요하다. 그렇게 함으로써 아이들은 과거 자기의 흥미 있는 역사를 눈으로 볼 수도 있고, 또 새로운 가치나 의미를 그 잡동사니에 부여할 수도 있다. 잡동사니는 이렇게 하여 아이의 창조나 공상의 세계를 한 걸음씩 전진시키는 지적 재산이 된다.

역할 연기는 아이의 상상력을 높인다

심리 요법이나 카운셀링에 사용되는 수법의 하나로 '역할 연기 (role playing)' 라는 것이 있다. 이것은 예를 들면 상사와 원활한 관계가 유지되지 않는 사원에게 상사의 역할을 주어 연기하게 하면 상사의 입장이나 발상 등에 대한 상상력을 북돋워 인간 관계가 개선될 수 있다는 것이다.

이 수법을 아이들에게 적용시켜도 재미있는 교육 효과를 얻을 수 있다는 것이 여러 실례에서 명백하게 밝혀졌다. 그리고 다른 사람의 역할을 연기하게 하는 것 이외에 책을 읽을 때 등장인물의 차이에 따라 목소리를 바꾸게 하거나 물건의 소리와 울음소리 등의 의성어를 끼워넣는 것에 의해서도 충분히 즐기면서 상상력을 높일 수 있다.

생각할 기회를 준다

다섯째 마당을 시작하면서

'사고 절약 장치'는 머리를 나쁘게 한다

아이들의 머리를 좋게 하는 가장 중요한 포인트는 아이들 자신에게 생각할 기회를 주고 자기의 머리를 사용하게 하는 것이다. 이것은 우리의 팔다리 근육이 사용하지 않으면 곧 약해져 못 쓰게 되는 것과 같은 이치로 머리도 사용하지 않으면 곧 녹슬고 만다.

그러면 어떤 식으로 아이들에게 머리를 쓰도록 할 것인가. 그 원리는 극히 간단하다. 요컨대 가능하면 아이들을 문제 속으로 몰아넣는 것이다.

애당초 인간의 머리는 잘 만들어져 생각하는 것을 절약하는 '사고 절약 장치' 같은 것이 붙어 있다. 예를 들면 어제와 같은 행동 방식으로 오늘이 무사히 지나간다면 우리의 머리는 일부러 힘들여 생각할 필요없이 어제와 같은 행동 방식으로 오늘의 문제에 대처해 가는 것이다.

따라서 우리의 머리가 활발하게 작용하기 시작하는 것은 어제 한 방법으로 풀 수 없는 문제에 부딪쳤을 때다. 이렇게 생각하면 우리는 이 '사고 절약 장치' 덕택으로 평소 많은 이득을 보고 있다. 매일매일 이를 닦거나 밥을 먹는 것까지 일일이 처음 하는 일처럼 생각하거나 궁리해야 한다면 머리가 몇 개가 있어도 모자랄 것이다. 습관적인 일은 특별한 생각 없이도 할 수 있기 때문에 우리의 신상에 일어나는 새로운 사태에 적절히 대응할 수 있는 마음의 여유와 머리의 신선한 작용을 유지할 수 있는 것이다.

이런 까닭에 '사고 절약 장치'는 분명 우리에게 편리한 것인데 자칫하면 이것이 우리의 생명을 빼앗기도 한다. 매너리즘이라는 암보다도 무서운 병이 바로 그것이다.

한 번 이 병에 걸리면 우리의 머리는 녹슬고 노화의 외길을 더듬기 시작한다. 다시 말하면 머리가 점점 쇠약해지는 것이다. 이 무서운 매너리즘 병은 노화 현상과 비슷한 증상을 수반하는 데에서 노인병의 일종이라고도 보기 쉽다. 그러나 사실은 그렇지 않다. 젊은 사람이나 때로는 어린아이에게조차 매너리즘 병은 존재할 수 있다.

특히 어린아이의 경우 매너리즘 병은 한층 더 무서운 증상을 나타낸다. 어린아이의 뇌는 발달 과정에 있기 때문이다. 굳이 늑대 소녀나 야생아의 예를 들지 않더라도 머리를 사용하지 않는 인간의 정신 발달이 결정적으로 지연된다는 것은 누구나 알고 있는 사실이다.

그런데 미국의 심리학자 브룸이 유유아(乳幼兒)부터 성인에 이르기까지 인간의 지능을 추적 연구한 결과에 의하면 0세부터 4세까지의 지능 상승 속도가 그대로 18세까지 지능의 최고치를 결정해 버린다고 한다. 다시 말하면 0세부터 4세까지 급속도로 지능이 신장한 아이는 그 후에도 그대로 그것을 유지하면서 지능을 상승시켜 드디어 최고 수준에 도달한다는 것이다. 반대로 완만한 속도로 상승하는 아이는 18세에 절정을 이룰 때 낮은 수준에 머물게 된다는 것이다. 그리고 이 지능의 상승 속도를 결정하는 것은 주로 어린아이의 주위에 지적 발달을 촉구하는 자극이 얼마만큼 주어지느냐에 달려 있고, 그 책임의 대부분은 어머니에게 있다는 것이다.

'교육에 대한 고안'을 할수록 아이의 머리는 좋아진다

욕심이 약간 지나친 것인지는 모르지만 모든 어머니가 '교육의 고안자'가 되라고 요구하고 싶다. '교육의 고안자'란 아이들의 정신 발달에 도움이 되도록 생각할 기회를 만들어주는 것, 다시 말하면 의도적으로 지적 환경을 마련하여 아이들의 머리를 좋게 하도록 고안하는 사람을 말한다.

나는 요즘 유치원에서 실시되고 있는 '자유스러운 놀이'를 중심으로 한 극단적인 보육 방식에는 절대 반대한다. 물론 자유스러운 놀이가 지닌 효용을 전부 부정하는 것은 아니다. 자유스러운 놀이를 하다가 아이들이 갖가지 문제에 직면하여 나름대로 판단을 하게 되는 일면이 있기 때문이다.

예를 들면 아이들에게 미끄럼틀에서 놀게 할 경우 많은 아이들이 서로 미끄럼을 타겠다며 싸움을 시작한다. 그러나 곧 이래서는 결국 아무도 미끄럼을 탈 수 없다는 것을 깨닫고 무슨 좋은 수가 없을까 하고 생각한다. 마침내 누군가가 가위 바위 보로 순번을 정하자고 제안하고 아이들 스스로 이 문제를 해결하게 된다.

이와 같이 나는 자유스러운 놀이 속에도 아이들 스스로 생각하고 문제를 해결해 가는 과정이 있다는 것을 부정하지는 않는다. 다만 내가 문제 삼고 싶은 것은 어째서 이런 과제를 '자유'로 '자연발생적'으로 해결되기를 기다리는 일밖에 하지 않는가, '의도적'으로 '고안'할 수는 없는가 하는 점이다.

아이들끼리 규칙을 만들어 순번을 결정하는 것이 교육의 목표라면 그것이 발생하기 쉬운 여건을 생각하여 의도적으로 문제 해결을 고안하는 노력이 필요하지 않을까? 그런 까닭에 나는 어머니들에게 반드시 '교육의 고안자'가 되어주기를 바라는 것이다. 이것은 확실히 어머니에게는 힘든 일인지도 모른다. 그러나 그러한 노력이 그대로 아이들의 머리를 좋게 하는 것으로 연결되고 아이들이 장래에 크게 성공하는 것으로 이어진다면 힘든 만큼 애쓴 보람도 있을 것이다.

여기에서는 이와 같은 '교육 고안자'로서의 어머니들을 위한 고안의 아이디어를 제공하고자 한다. 어머니들이 나의 아이디어를 힌트로 더욱더 훌륭한 고안을 생각해 주기 바란다.

'생각하는 것'이 좋은 결과를 낳는다는 것을 깨닫게 해준다

　비즈니스의 세계에서는 흔히 '목표에 의한 관리' 라는 말을 한다. 이것은 위에서 목표를 주고 마구 독려하는 방법이 일하는 사람의 의욕을 잃게 하는 최대의 원인이라는 반성에서 생긴 말이다. 이 관리 방식의 기본은 일하는 사람 자신이 허용되는 범위에서 목표를 설정해야 하고자 하는 마음, 다시 말하면 내적 동기가 생겨 결국은 자기 자신에게도 득이 된다는 생각에 바탕을 두고 있다.

　이와 같은 관리 방법에는 여러 가지 문제가 있지만 아이들의 교육에도 해당된다. '열심히 공부하여 좋은 성적을 얻어라.' '노력하여 일류 중학에 들어가라.' 라고 부모가 일방적으로 목표를 주어 아이들을 관리하는 방법이 통용되지 않는다는 것은 명백한 사실이다. 사업을 하는 데 있어서는 여러 가지 관리 방식을 생각하는 '부모' 가 아이의 교육에 있어서는 마구 독려하기만 하는 구태의연한 방법밖에 취하지 않는 까닭은 무엇일까.

　아이들에게 자신의 머리로 생각하는 습관을 붙여주기 위해서는 '생각해라.' '노력해라.' 라고 말하기 전에 생각하는 것의 의미를 아이 자신이 깨닫게 하도록 하는 것이 중요하다. 간단히 말해 글자를 배움으로써 얻는 이득은 학교 성적이 좋아진다는 것보다 텔레비전 프로를 스스로 읽을 수 있다는 쪽이 아이들에게는 훨씬 절실한 것이다. 이와 같은 직접적인 목표를 아이 자신이 설정할 수 있어야 비로소 글자를 배우려는 의욕도 솟는다. 부모가 일방적으로 목표를 강요하는 것은 아이에게 생각하는 것의 소중함을 잊게 할 위험이 있다.

아이에게는 적극적으로 '풀 수 없는 문제'를 준다

옛부터 흔히 '귀여운 아이는 여행을 보내라.'고 말한다. 물론 이것은 여행에 한정된 것만은 아니다. 부모가 아이의 성장을 진실로 원한다면 다소 '무리한 난제'라 할지라도 도리어 적극적으로 아이에게 주라는 교훈일 것이다.

쉬운 문제는 자기가 늘 써서 익숙한 사고 패턴을 거의 그대로 적용할 수 있는 것인데 반해 어려운 문제는 그 사고 패턴을 끝까지 응용하여 그래도 해결에 이르지 못할 때에는 기성의 사고 패턴을 깨뜨리고 새로운 생각을 도입하지 않으면 안 된다.

게다가 쉬운 문제의 경우에는 자기의 사고 방법을 모두 사용했는지, 또는 그 일부분으로 풀었는지를 알 수 없기 때문에 자기의 실력을 모두 검토할 수가 없다. 그러나 어려운 문제의 경우에는 싫든 좋든 자기가 지닌 사고의 전체를 재점검하지 않을 수 없으므로 결점이나 오해를 발견하는 데에도 도움이 된다.

어떤 초등학교에서는 어린이들을 백화점으로 데리고 가서 한 사람에게 400원씩을 주고 가능한 한 많이 유용한 물건을 사도록 했다. 보통 400원이면 초콜릿 한 개 사기에도 충분치 못한 금액이다. 그것을 비싼 상품만 파는 유명 백화점에서 사용하게 했던 것이다. 어린이들이 처음에는 망설이는 것 같았으나 두 시간에 걸쳐 이것저것 생각한 결과 생각하기에 따라서는 꽤 여러 가지 물건을 살 수 있다는 것을 발견하고 돌아왔다고 한다. 무리한 난제의 효용은 바로 머리의 유연성을 기르게 하는 것이다.

곤란에 직면한 아이에게는
절대로 그 '결론'을 도와주어서는 안 된다

곤란에 직면했을 때야말로 아이가 생각할 수 있는 절호의 기회다. 그러면 그때 부모는 방관만 하고 있어야 하는가. 물론 적절한 조언은 필요하겠지만 우리는 그 조언 방법에 아무래도 서툰 것 같다. 예를 들면 아이가 길에서 넘어졌을 때 미국의 어머니는 한두 마디 말을 건넬 뿐 일어설 때까지 꼼짝 않고 지켜보고만 있다. 반면에 우리의 어머니는 재빨리 손을 내밀어 일으켜줄 때가 많다. 아프리카에서는 아이의 흉내를 내어 똑같이 넘어지는 종족도 있는데, 이 경우에도 절대로 도와주지는 않는다고 한다.

다시 말하면 아메리카인은 격려의 말로, 아프리카인은 부모도 이와 같이 넘어지면 자기 스스로 일어선다고 하는 무언의 교훈으로 아이가 자기 스스로 일어서는 것을 옆에서 도와주고 있는 것이다. 그들은 절대로 우리처럼 최종적인 해결에 손을 빌려주지 않는다. 아이는 스스로 생각할 수 있는 힘을 가지고 있기 때문에 그것을 충분히 활용할 수 있도록 준비시키기만 하면 된다는 생각에서다. 절대로 '결론'에서 도움을 주면 안 되는 것이다.

일러스트레이터인 마나베 히로시 씨는 자녀에게 비닐로 만든 비옷을 휴대하게 하고, 비가 와도 절대로 학교에 마중가지 않는다고 한다. 이런 일도 바로 곤란에 직면한 아이에게 최소한의 준비만을 해주고 '결론'은 아이 스스로 내리게 하는 일상적인 좋은 예라고 할 수 있다.

외우는 것은 잊는 것의 반복이다

아직 글자도 모르는 아이가 그림책을 막힘없이 읽어 주위 사람들을 놀라게 하는 일이 있다. 물론 글자를 모르는 아이가 책을 읽을 리 없고, 부모가 되풀이하여 들려준 내용을 기억하여 그것을 입 밖에 내고 있는 것에 지나지 않는 것이다. 이런 일로부터 알 수 있는 것처럼 아이들은 '외우고 잊는' 일을 반복함으로써 사물을 하나하나 기억해 간다. 외우는 일은 잊는 일의 반복이라고 말하는 심리학자도 있을 정도다. 귀찮다느니, 어차피 잊어버릴 테니까 하며 부모가 반복하는 노력을 게을리하면 아이의 기억력은 언제까지나 단련되지 않을 것이다.

어려운 문제에서는 잘못을 지적하지 말고
올바른 부분만을 인정해 준다

문제의 해결에 이르는 과정의 조언 방법에 관해 일본여자대학 조교수인 고자와 요리오 씨는 다음과 같은 실험을 하여 흥미 있는 사실을 발견했다.

고자와 씨는 말에 의한 상벌이 문제 해결에 주는 영향을 조사하기 위해 아이들을 세 그룹으로 나누고 실험을 했다.

첫 번째 그룹은 일련의 작업에 대해 반응이 올바른 때에는 '네, 그렇습니다.' 반응이 잘못되었을 때에는 '아니, 틀렸습니다.' 하고 말해 주었다. 두 번째 그룹은 반응이 올바른 때에만 '네, 그렇습니다.' 하고 말해 주고 잘못되었을 때에는 아무 말도 하지 않았다. 세 번째 그룹은 반응이 잘못되었을 때에만 '아니, 틀렸습니다.' 라고 말해 주고 올바른 때에는 아무 말도 해주지 않았다.

이 실험의 결과로 문제가 비교적 쉬울 때에는 '아니, 틀렸습니다.' 라고만 말해 주었을 때 성적이 좋았고, 반대로 어려운 문제일 때에는 '네, 그렇습니다.' 라고만 말해 주었을 때 성적이 좋다는 사실을 알게 되었다.

이 실험 데이터로부터 말할 수 있는 것은 아이가 어려운 문제에 직면했을 때에는 잘못을 지적하기보다는 올바른 부분을 인정해 주는 편이 결과적으로 아이의 두뇌 활동이 원활하게 행해진다는 것이다. 곤란에 직면해 있을 때에는 자연히 자신을 잃게 되므로 잘못을 지적하여 재차 타격을 가하는 것은 현명하지 않다. 대신 좋은 면만을 인정하고 올바른 사고를 하도록 항로를 정해 주는 것이 중요하다.

드릴이나 테스트는 아무리 해도 드릴형, 테스트형의 머리밖에 만들지 못한다

시판되고 있는 초등학생용, 중학생용 드릴이 크게 유행하는 데 자극을 받아서인지 유치원 입시가 화제가 되고 있는 요즈음, 취학 전의 아이용까지 드릴(drill, 반복연습) 형식과 테스트 형식의 문제집이 나오고 있다. 어머니들에게는 교육 의욕을 점점 더 높일 수밖에 없는 교재의 등장이라고 하겠지만 이것은 솔직히 말해 아이들의 머리에는 귀찮은 정도가 아니라 커다란 마이너스를 가져오는, 환영할 수 없는 물건이다.

시중에 시판되고 있는 드릴이나 테스트는 대단히 유형적인 문제만 출제된 것이 많으므로 오히려 획일적인 발상을 강요하여 아이들의 머리를 규격화해 버릴 위험이 있다.

혼잣말을 금하는 것은 아이에게 생각하는 것을 그만두라고 말하는 것과 같다

4, 5세 정도의 아이가 놀이에 열중하기 시작하면서 혼잣말을 많이 하는 것을 알고 있는가? 옆에서 중얼거리고 있는 것을 듣고 있으면 아무 뜻이 없는 말을 재잘거리고 있는 것이 아니라 자기가 지금 생각하고 있는 일의 과정이 그대로 입 밖으로 나오고 있어 매우 흥미롭다. 말하자면 이 무렵에 아이들이 혼잣말을 하는 것은 생각을 하고 있다는 것을 나타내는 것이어서 귀찮다고 이것을 못하게 하는 것은 아이에게 '생각을 그만두라.'고 말하는 것과 같다.

두말할 필요없이 인간이 사고 활동을 하기 위해서는 말을 매개로 하지 않으면 안 된다. 어른의 경우에는 사고 과정이 내언화(內

言化)되어 겉으로 나오지 않지만 4, 5세 정도의 아이는 지능이 충분히 발달하지 않았기 때문에 자기가 생각하는 것을 내언화하지 못하고 그대로 밖으로 표출하는 것이다. 아이가 책을 읽을 때 음독하는 것도 그 때문이며, 적어도 묵독할 수 있으려면 7, 8세쯤의 지능이 필요하다. 요컨대 단어의 의미를 하나하나 이해할 수 없으면 묵독할 수 없는 것이다.

이와 같이 아이는 지능의 발달에 따라 같은 사고 활동을 하는 경우에도 밖으로 표출하는 형태가 달라진다. 그 일반적인 표준은 연령이다. 그러므로 아이가 혼잣말을 하면서 놀 때에나 큰 소리로 책을 읽고 있을 때에는 옆에서 그것을 절대 방해해서는 안 된다.

부모의 이치로 아이를 설득하면
아이의 머리에서 논리성을 빼앗는다

영국의 사회학자 번스틴은 문화적으로 낙후된 지역에서 자란 아이들이 그렇지 않은 지역에서 자란 아이들에 비해 지적 발달이 뒤떨어지는 가장 큰 이유로 부모의 말투를 들고 있다. 그들의 말은 대체로 짧고 문법적으로 단순한 구조를 가지고 있으며 틀에 박힌 말의 반복이 두드러지는 등의 특징을 가지고 있다는 것이다. 그 밖에도 우리의 주변에서 자주 보는 또 하나의 예로써 이유와 결론이 합쳐져 하나의 범주를 만드는 것 같은 표현이 많다는 것을 지적하고 있다.

예를 들면 '밖에 나가면 안 돼.' '엄마 말대로 해.' 등과 같은 말로, 이유로도 결론으로도 받아들일 수 있도록 사용하는 경우다.

"밖에 나가면 안 된다."

"어째서요?"

"언제나 밖에 나가서만 있으니까."

"어째서 안 돼요?"

"어머니가 안 된다고 했잖아."

이와 같이 사용되는 아이의 '어째서?'는 결국 동의반복(同義反復)을 하고 있을 뿐, 이유가 제대로 드러나 있지 않은 것이다. 이와 같은 말투를 번스틴은 '대중어(public language)'라고 명명하여 친한 사이의 일상적인 회화에는 통하지만 사물을 이론적으로 생각하거나 개인의 독창적인 생각을 할 때에는 적합하지 않다고 지적했다. 당연히 이와 같은 '이유가 되지 않는 이유'를 듣고 자란 아이는 겨우 자라기 시작하던 논리성의 싹마저 뽑혀버리게 되는 것이다.

목표는 주는 것이 아니고 아이 자신이 발견하게 한다

당신은 아이의 지적 작업에 대해 '이 문제가 좋다.'느니, '여기까지 해라.'라고 하는 등 미리 목표를 아이에게 주고 있지는 않은가. 이러한 방법은 아이가 일을 중도에서 그만두게 하거나 아이의 기를 꺾을 우려가 있다.

예를 들면 2, 3세의 아이에게 약간 복잡한 조립식 장난감을 주면 도중에 던져버리는데 비해 그보다 큰 아이들은 좀 더 오래 지속한다. 이것은 큰 아이들은 작업 목표가 자기 나름대로 눈에 보이고 곤란을 예측하기 때문이라고 한다. 그러므로 목표를 스스로 세우게 하여 어느 정도의 전망을 자기 나름으로 갖게 하는 것도 중요하다.

'이것', '어떤 것', '무엇'의 반복이
무리없이 아이의 사고력을 높인다

　19세기 철학자이며 교육자로서도 잘 알려진 에드발트 세긴 박사는 아이들의 사고력을 무리 없이 높이는 방법으로써, 물건의 이름을 세 단계로 나누어 가르치는 것을 제창하고 있다.

　예컨대 연필과 펜과 붓을 보여주고, 제1단계에서는 연필을 들어올려 '이것은 연필입니다.' 라고 가르친다. 제2단계에서는 이 세 가지를 늘어놓고 '어느 것이 연필입니까?' 하고 묻고, 아이 자신에게 선택하게 한다. 제3단계에서는 연필을 집어들고 '이것은 무엇입니까?' 하고 묻는다. 이와 같이 '이것', '어느 것', '무엇' 이라고 질문하여 대답하게 하는 것을 '세긴의 3단계' 라고 부르고 그것의 반복이 아이의 사고력을 기른다는 것이다.

아이를 꾸짖을 때에는
내용보다도 타이밍이 중요하다

백화점의 장난감 매장에서 갖고 싶은 장난감을 안 사준다고 떼를 쓰며 큰 소리로 울부짖는 아이를 흔히 본다. 이런 경우 대부분의 부모는 사람들 앞에서 야단치는 것을 꺼려 결국은 사주고 만다. 그런 다음 나중에 '아까는 왜 그런 짓을 했어?' 하고 꾸짖는 경우가 많다.

그러나 이와 같은 방법으로 꾸짖는 것은 효과가 없을 뿐만 아니라 어째서 꾸지람을 듣는지 그 원인과 결과가 잘 연결되지 않아 아이의 머리를 쓸데없이 혼란시킬 뿐이다. 어째서 꾸중을 듣는지를 잘 생각하여 스스로 결론을 내릴 수 있게 하기 위해서는 꾸짖는 내용보다 오히려 타이밍이 중요하다고 하겠다.

배우고 싶어하는 것을 가르치는데 너무 빠른 시기란 없다

'글자나 숫자는 몇 살 때부터 가르치는 것이 좋은가?' 라든가 '이웃집의 네 살짜리 아이는 쓰지 못하는 글자가 없는데 같은 나이인 우리 아이는 자기 이름도 못 쓴다. 지능 발달이 늦은 것이 아닌가?' 하는 질문을 종종 받는다. 나는 이와 같은 질문을 받을 때마다 아이들에 대해 무엇이든지 알고 있는 것 같으면서도 실은 아무것도 모르는 것이 부모가 아닌가 하는 생각을 한다.

본래 아이의 지능 발달 속도는 각자의 신장이나 체중이 다른 것처럼 아이들마다 커다란 개인차가 있다. 한 살 반에 벌써 어른과 거의 비슷하게 이야기하는 방식을 아는 아이가 있는가 하면, 두 살이 지나도록 주위 사람들이 무슨 말을 하고 있는지 전혀 알 수 없는 아이도 있다. 이것은 단지 언어 발달의 속도가 빠르냐 느리냐의 차이에 지나지 않는다. 그러므로 아이에게 몇 살 때부터 글자를 가르치는 것이 좋으냐 하는 것도 발달의 속도를 무시하고 일률적으로 말할 수는 없다.

부모가 반드시 알아두어야 할 것은 무엇을 가르치는 시기가 아니고 지금 아이가 무엇에 흥미를 갖고 있느냐는 것이다. 흥미를 갖기 시작할 때가 사물을 가르칠 기회며 거기에는 이르다든가 늦다든가 하는 것은 없다. '쇠는 뜨거울 때 치라.'고 말하지만 흥미를 갖고 있는 일을 가르쳐야 아이가 자진하여 그것을 배우려고 한다. 만일 글자를 배우는 것이 더뎌서 걱정스러우면 우선 어떻게 하면 글자에 대한 흥미를 갖게 할 수 있는가를 생각해야 할 것이다.

물체를 가르칠 경우 가장 재미있어 할 때 중단해 본다

러시아에서 지금도 활약하고 있는 여류 심리학자 B. 제가르니크의 연구에 의하면 중단된 과제는 잘 기억되고 재생, 즉 생각해낼 확률도 높다고 한다. 이와 같은 효과가 있는 것은 중단되었던 과제의 긴장이 계속 지속되고 있기 때문이라고 한다.

예를 들어 추리소설을 읽고 있다가 가장 재미있을 장면에 부득이 중단하게 되면 다음 장면이 궁금하여 빨리 읽고 싶어지는 것은 누구나 한 번쯤 경험했을 것이다. 이러한 경우에는 이상하게도 기억이 선명하여 대강의 줄거리가 머릿속에 남아 있다. 반면에 열중하여 단숨에 읽어버린 추리소설은 며칠이 지나면 그다지 기억나는 것이 없다.

아이에게 물체를 가르칠 때에도 그 중단 효과를 이용하여 가장 재미있어 할 때 중단해 보는 것도 하나의 방법이다. 물론 이것은 상황에 따라 효과의 정도가 다르겠지만 아이들은 중단되면 도리어 '또 저거 가르쳐 주세요.' 하면서 조르고 재개되면 전보다 한층 더 기억하는 것이 많다.

반대로 아이가 흥미를 가지고 있다고 하여 그대로 계속 가르치면 아이의 흥미가 지속하는 시간은 어른보다 짧기 때문에 도리어 빨리 싫증을 내고 만다. 이것은 정신적 포만 상태를 의미하며 더이상 아이의 두뇌는 영양을 필요로 하지 않는 것이다. 이럴 때에는 기억력도 약해져 가르쳐준 것이 아무것도 남아 있지 않을 가능성이 크다.

물건의 이름을 가르치면 판별 능력이 생긴다

러시아의 언어 심리학자 A. R. 루리아가 한 살 반부터 두 살 반까지의 유아를 대상으로 적색과 녹색의 상자를 분별하게 하는 실험을 한 적이 있다. 그런데 유아는 이런 간단한 것도 분별하지 못했다고 한다. 그래서 각각의 상자에 '적색', '녹색'이라고 명명(命名)한 다음 실험을 해보았더니 훨씬 빨리 분별했다고 한다. 다시 3~5세의 어린이에게 똑바로 세운 삼각형과 비스듬하게 세운 사각형을 분별시키게 했는데 명명해도 여전히 잘 되지 않았다고 한다. 그러나 5세를 지나니까 이 명명의 효과를 발휘하여 잘못 분별할 확률이 2분의 1에서 3분의 1로 줄어들었다고 한다.

이 실험 결과로부터 물건의 복잡성 정도에 따라서 명명의 효과가 다르게 나타나지만 명명이 단순한 물건의 호칭이라는 편의 수단에 그치지 않고 아이들에게 사물의 차이를 분별하는 능력을 기르는 데 효과가 있음을 알 수 있다. 다시 말하면 물건과 이름의 관계를 소홀히 하지 않는 부모의 태도가 결국 아이들의 과학적인 사고 양식을 기르게 되는 것이다.

예를 들면 아이는 곧잘 '이것이 뭐야?' 하는 질문을 한다. 이럴 때 단순히 '꽃이야.' 라든가 '자동차야.' 라고만 대답하지 말고 꽃이라면 '국화' 또는 '코스모스' 라든가 자동차라면 '버스' 또는 '트럭' 이라고 그 자체의 고유 이름으로 명확히 구별해 주면 아이에게 점차 분별 능력이 생기게 되는 것이다. 반대로 부모 쪽에서 아이에게 '이게 뭐지?' 하고 묻는 것도 분별 능력을 높이는데 큰 도움이 될 것이다.

글자를 가르칠 때에는 한자를 먼저 가르친다

어린이에게 한자 교육을 하고 있는 유치원이 전국에 200개 정도 있다고 하면, 대부분의 사람들은 '아직 우리말도 모르는 아이에게 한자라니……' 하고 매우 의아해 할 것이다. 그러나 한자를 전혀 무리 없이 가르칠 수 있을 뿐만 아니라 아이의 두뇌에 여러 가지 좋은 영향을 준다는 것이 인정되고 있다.

'유아 한자교육' 의 제창자인 다이토 분카 대학 교수 이시이 이사오 씨는 실험을 통해 한자를 배우는 능력은 2~4세 때 가장 높으며 한자를 익히는 것이 절대로 유아에게 부담을 주지 않는다는 것을 명백히 밝혔다. 그는 5세 어린이에게 한자 500자를 학습시킬 수도 있다고 말했다.

게다가 한자는 한 번 본 순간에 그것의 의미를 식별할 수 있고 아이의 문자 능력을 비약적으로 높여 머리의 활동을 활발하게 하는 효용도 있다. 맨 처음 고속도로가 건설되었을 때 일본도로 공단에서 실험한 바에 의하면 한자로 표기된 말은 우리말의 경우의 10분의 1, 로마자의 경우의 20분의 1의 속도로 읽힌다는 것이 명백히 밝혀졌다. 요컨대 한자는 우리말의 10배, 로마자의 20배나 머리의 회전을 빠르게 한다는 것이다. 그러므로 아이들의 머리 회전율을 향상시키기 위해서도 한자를 가르치는 것은 의의 있는 일이다. 또한 한자부터 먼저 배운 아이는 모르는 한자가 있으면 반드시 옥편을 찾거나 어른에게 묻지만 우리말부터 먼저 배운 아이는 모르는 한자가 있어도 그대로 지나쳐버리는 경향이 있다고 한다.

한자를 가르칠 때에는
주변의 것, 구체적인 것부터 시작한다

미국에서 아이들에게 문자를 가르치는 방법 중의 하나로 '도만 방식'이라는 것이 있다. 이것은 2세 이전부터 시작하는데 그 원리는 아이들의 주변에 있는 것으로부터 시작하여 점점 멀리 있는 것으로 옮겨가게 하는 것이다. 예를 들면 '아빠', '엄마'로부터 시작하여 '손', '머리' 등 자기의 신체 부분으로 옮겨가고 다시 '텔레비전', '문'과 같이 약간 멀리 있는 것으로 나아간다.

또한 이때 처음에는 빨간색의 큰 글자를 사용하여 아이에게 강한 인상을 주게 하고 단계적으로 글자를 작게 하여 마지막에는 검은색의 작은 활자를 사용하여 가르친다. 이런 방법으로 하면 아이는 무리 없이 문자에 친숙해지고 쉽게 글자를 배울 수 있다.

한자를 가르치는 경우에도 이 원칙이 그대로 적용된다. 앞의 항에서 언급한 이시이 방식도 한자의 어려움과는 관계없이 구체적으로 주변에 있는 것부터 가르쳐 나간다. 예를 들면 '구(九)', '조(鳥)', '구(鳩)'의 경우 '구(鳩)'가 가장 획수가 많고 어려워 보이지만 아이는 구체적으로 비둘기라는 새를 알고 있으므로 오히려 쉽게 읽힐 수 있다.

50음을 그대로 외우는 것은 큰 의미가 없다

문자를 가르치려는 어머니가 아이에게 50음을 '아이우에오 카키쿠케코……' 하고 암기시키는 것을 흔히 보는데 이것을 꼭 좋은 방법이라고는 말할 수 없다. 나는 히라가나부터 가르치는 것은 그다지 찬성하지 않지만 만일 히라가나를 먼저 가르친다면 50음을 통째로 암기시키는 것은 피하는 것이 좋다고 본다.

글자를 가르칠 경우 두 가지 방법이 있다.

하나는 '우(う)', '사(さ)', '기(き)' 하고 한 자 한 자 떼어서 가르치는 방법이고, 또 하나는 '우사기(うさき, 토끼)' 하고 덩어리로 가르치는 방법이다. 이 두 가지 방법은 각각 일장일단이 있다. 한 자 한 자 떼어서 가르치는 방법은 각각 그 한 자만으로는 아무 의미가 없는 것을 전후 관계도 따지지 않고 가르치는 것이므로 아이에게는 어렵고 싫증을 내기 쉽다. 반면에 덩어리로 가르치는 경우는 그 자체는 아이도 알고 있는 구체적으로 의미를 가진 문자이지만, 예를 들어 '닝교(にんぎょう, 인형)' 등과 같이 어떤 자를 어떻게 발음하는가 하는 소위 음운 분절(音韻分節)이 곤란해진다. 그래서 절충안으로 '우사기(うさぎ)'의 '우', '우시(うし, 소)'의 '우'라고 말하는 것처럼 전후 관계 속에서 '우'자를 가르치는 방법이 있다. 이 방법이 우선 가장 효율적인 방법이라고 말할 수 있다.

물론 아이는 통째로 암기하는데 능하니까 50음을 한꺼번에 암기시키는 것도 한 방법일 수는 있다. 그러나 문자는 최종적으로 의미 있는 문장으로서 읽을 수 있어야 한다. 그러므로 그것을 가르치는 방법에 있어서도 나름대로의 전망을 가지고 행해야 할 것이다.

아이가 수를 세기 시작하면
다른 종류의 것을 섞어서 가르친다

공원에서 3, 4세 정도의 아이와 놀면서 숫자를 연습시킬 생각으로 돌을 열 개 주워오게 하면 같은 색깔, 같은 크기의 돌을 주워올 것이다. 수를 세기 시작할 때에는 아직 물체의 형상과 추상적인 숫자를 나누어 생각할 수가 없기 때문이다.

그런 만큼 숫자란 물체로부터 상대적으로 독립한 존재라는 것을 일찍부터 가르치면 아이의 추상 능력에 큰 효과가 있다. 그러기 위해서는 그저 수를 세게 하는 것이 아니라 돌을 열 개 주워오게 할 경우에도 빨간 돌, 검은 돌, 큰 돌, 작은 돌 등 모양이나 크기가 다른 돌을 주워오도록 하는 것이 좋다.

수를 말하는 것만으로는
수를 이해한다고 할 수 없다

'우리 아이는 산수의 천재가 아닐까? 세 살밖에 안 되었는데 벌써 10까지 센다니까요.' 이렇게 은근히 자랑하는 부모를 만나 놀라게 되는 경우가 가끔 있다. 물론 아이의 가능성을 믿는 것은 대단히 좋은 일이지만 지나친 기대는 오히려 아이를 그르치게 할 수도 있다.

간단히 말해 아이가 수를 셀 수 있는 것과 수를 이해하고 있는 것은 완전히 다른 문제다. 아이가 숫자를 기계적으로 암기했다고 하여 그 아이가 수학적으로 뛰어난 것은 절대 아니다. 진실로 수를 이해시키고 싶으면 물건과 대응하여 수를 세는 것을 우선 가르쳐야 한다.

아이가 그린 그림은 아무리 서툰 그림이라도 무엇을 그린 것이냐고 묻는다

어린이가 대개 3세부터 6세 사이에 그림 같은 것을 그리기 시작하면 단계적으로 그 그림이 무슨 그림인가를 이름 붙이게 된다. 한 연구에 의하면 3세의 어린이에서는 90퍼센트가 이름을 붙이지 않고, 나머지 10퍼센트만이 뒤에 이름 붙인데 반해 4세의 경우에는 이름을 붙이지 않은 쪽이 18퍼센트로 줄고, 그리고 있는 동안에 이름을 붙인 쪽이 37퍼센트며, 5세가 되면 그리기 전에 이름을 붙이는 쪽이 80퍼센트였다고 한다.

여기서 주목할 것은 그리기 전에 명확히 무엇을 그릴 것인가를 모르는 시기에는 그린 뒤에, 혹은 그리고 있는 동안에 그림에 이름을 붙인다는 것이다. 이것은 이 단계에서는 어른이 보기에 무엇을 그렸는지 알 수 없는 서투른 그림이라도 아이에게는 그 나름대로 의미가 있다는 것이다. 다만 그것은 아직 '이름 붙이기'라는 말의 작업과 결부시키기가 어려운 것이다. 즉 아이는 자기의 내부에 있는 뭐라고 표현할 수 없는 이미지를 서투른 그림으로 표현하고 있는 것이다.

그러므로 이와 같은 그림에 대해서는 그것이 아무리 형상을 이루지 않은 서툰 그림이라 할지라도 무엇을 그린 것인가를 물어보는 것이 좋다. 그 질문에 의해 아이는 자기가 그린 것, 다시 말하면 자기가 막연하게 생각하고 있던 것을 처음으로 지적인 흥미를 가지고 재검토하고, 거기서 새로운 의미를 발견하게 된다. 그리고 역으로 그림도 '이름 붙이기'의 훈련에 따라 명백한 이미지를 갖게 되는 것이다.

아이가 그림을 그리기 시작하면
때로는 삼각형의 도화지를 주는 것도 좋다

아이들에게는 그림을 그리는 데 열중하는 시기가 있다. 이와 같은 시기에는 아이가 하루 종일 그림을 그리기도 하는데 부모가 문방구에서 도화지나 스케치북을 사다가 그대로 주는 것은 참으로 경솔한 행동이다.

왜냐하면 시판되고 있는 도화지는 약간 장방형의 규격품이기 때문이다. 이것을 계속 사주면 아이의 그림은 그 도화지에 맞는 '규격품'이 되어가고 아이의 사고도 일정한 형상으로 고정되어 버릴 우려가 있다.

일러스트레이터인 마나베 히로시 씨는 '그림은 어떠한 크기로 그릴까 하고 생각하는 데에서부터 시작된다.'고 말하고 있는데, 유치원에서 그림을 그릴 때 이미 책상 위에 도화지가 준비되어 있는 현재로서 이것은 매우 어려운 이야기일 것이다.

그러므로 최소한 가정에서라도 아이가 크레파스나 색연필, 사인펜 등을 손에 쥐기 시작하면 가능한 한 '비규격품'의 도화지를 사용하게 하는 것이 좋다. 사온 도화지라고 할지라도 부모가 때로는 삼각형으로 잘라서 주는 방법도 생각해 볼 수 있다. 원형이나 지그재그로 자른 도화지도 괜찮고 때로는 1평 정도의 커다란 종이 위에서 아이가 놀면서 제멋대로 그림을 그리게 하는 것도 한 방법이다.

어쨌든 이용할 수 있는 공간이 무한히 있다는 것을 아이에게 가르쳐줄 필요가 있다. 비규격 사이즈의 도화지를 사용하게 함으로써 비규격 사이즈의 두뇌를 기를 수 있는 조건을 만들어주는 것이 중요하다. 이것은 도화지뿐만 아니라 모든 도구에 해당될 수 있다.

하이쿠의 암송은 기억력을 단련시키는 데 도움이 된다

마츠모토 시의 스즈키 신이치 씨가 주재하는 유아학원에서는 1년 동안 170편의 하이쿠(일본의 단시)를 어린이에게 암기시킬 수 있었다는 보고를 하고 있다. 각 하이쿠의 배경을 설명하여 흥미를 끌게 한 다음 암기시켜 다음 날 반복하고 동시에 새로운 하이쿠를 주는 방법을 썼다고 한다. 그 결과 최초에는 10회를 반복해야 했던 것이 1년 후에는 한 번만으로 암기하게 되었다는 것이다.

이것은 확실히 암기에 익숙해졌기 때문이라고도 할 수 있지만 기억력 자체의 성장도 부정할 수는 없다. 하이쿠는 세계 제1의 단시형(短詩型)으로 일정한 리듬이 있어 외우기가 쉽다. 인간의 기억장치는 반복에 의해 단련되기 때문에 어려운 것을 시간을 들여 암기하기보다는 하이쿠와 같이 암기하기 쉬운 것을 반복하여 암기함으로써 단련시킬 수가 있다.

신문지 한 장이
아이의 지적 발달을 촉구하는 다양한 소재가 된다

'사물과 인간의 관계는 자유로울수록 좋다.' 라고 말한 시인이 있다. 예를 들어 이곳에 펜이 있다고 치자. 이 펜을 쓰기 위한 도구로밖에 생각지 않는 어른에게 있어서 사물과 인간의 관계는 자유롭지 못하다. 다시 말해 고정되어 있는 것이다. 그런데 아이에게 펜을 쥐어주면 엿처럼 핥기도 하고 나뭇잎처럼 꺾으려고도 하며 창 대신 휘두르기도 할 것이다. 이처럼 아이들과 펜의 관계는 매우 자유롭다.

그러므로 이와 같은 자유로움을 더욱더 신장시켜 주는 것은 사물을 다면적으로 생각하는 능력으로 연결된다. 또한 하나의 사물로부터 여러 가지 것을 생각해 내는 발상력도 양성될 수 있다.

이를 위한 소재로 흔히 사용되는 것이 신문지다. 신문지는 어느 가정에서나 가까이에 있으므로 아이들의 눈에도 잘 띈다. 그러나 그것은 읽는 것에 그치고 만다. 물건을 포장하는 데에도 사용되기는 하지만 포장지가 흔한 현재에는 그다지 이용되지 않는다. 이와 같이 인간과의 관계가 고정되기 쉬운 것을 아이들에게 주어 자유롭게 생각할 기회를 만들어주면 어떨까. 아이들은 아마도 신문지를 접거나 말아서 망원경으로 사용하기도 하고, 더 가늘게 말아서 막대를 만들기도 할 것이다. 그리고 그 막대로 볼을 치는 등 자유롭게 갖가지 방법으로 사용함으로써 사물과의 자유로운 관계를 체험적으로 배워갈 것임에 틀림없다.

아이에게 주스를 먹일 때에는
매번 다른 모양의 컵에 따라서 먹인다

　같은 양의 물을 가늘고 긴 용기로부터 굵고 키가 낮은 용기로 옮기면 눈앞에서 물이 옮겨지는 것을 보고 아이는 용기의 모양이 바뀌면서 물의 양도 바뀌었다고 생각한다. 이것은 스위스의 발달 심리학의 대가 피아제가 실시한 '보존의 실험'의 일부이다. 보존 이란 물건의 양이나 무게 등이 아무리 변형되어 이동되어도 '빼내 고', '더하는' 조작이 가해지지 않는 한 항상 같은 값이라는 것을 의미한다. 이 보존 개념을 확립하는 것이 어린이의 정신 발달에 큰 역할을 한다.

　그러므로 이러한 훈련을 하기 위해 주스를 먹일 때 아이의 눈앞 에서 가능한 한 모양이 다른 컵에 옮겨 보이는 것도 한 방법일 것 이다.

아이에게 자주 현금을 주어 물건을 사게 한다

아이들이 좋아하는 놀이 중에 '가게놀이'라는 것이 있다. 어머니를 흉내 내어 손님이 되기도 하고 가게의 주인이 되기도 하는데, 이 놀이를 열심히 하면 실제로 돈을 주어 물건을 사게 하는 것도 바람직하다.

왜냐하면 어떤 것을 연습으로 하는 것과 실제로 하는 것은 박진감이 다르기 때문이다. 진짜 물건을 사용한 교육이야말로 아이에게 제대로 생각할 기회를 주는 최상의 방법이다. 예컨대 아이용으로 편곡한 것보다 실제 그대로의 바흐나 모차르트를 들려주는 것이 효과적이라는 것이다. 이것은 이제 유아 교육의 상식이 되고 있다.

그런데 우리의 부모들은 아이들에게 돈을 주거나 물건을 사게 하는 것을 탐탁하게 생각하지 않는다. 금전을 취급하는 일을 좋지 않다고 보는 옛날의 관습에 영향을 받았는지는 모르지만 돈에 한해서만 예외를 둔다는 것은 넌센스라고 말할 수밖에 없다.

유치원 정원에 설치된 교통신호 세트를 이용하여 아이들에게 길을 건너는 방법을 가르치는 것보다 길에서 실제 훈련을 하는 쪽이 몇 배의 효과가 있다는 것은 누가 보아도 명백한 사실이다.

마찬가지로 아이에게 현금을 주어 물건을 사게 하는 방법도 숫자에 대한 흥미를 키워주는 점에서 효과적이다.

아이에게 전화기의 버튼을 누르게 한다

한 친구는 친한 친구들의 전화번호를 적어 전화기 바로 옆의 낮은 위치에 붙여놓고 있었다. 이상하게 생각되어 물어보았더니 친구에게 전화를 걸 때 다섯 살 된 아들에게 버튼을 누르게 한다는 것이다.

'○○ 씨를 부탁한다.' 하고 말하면 아이가 집에 있는 한 언제든지 뛰어온다고 한다. 좀 익숙해진 다음부터는 상대를 불러낼 정도까지 되었다고 한다. 이것은 참으로 좋은 방법이다.

왜냐하면 아이에게 흥미를 끄는 전화라는 기계를 사용하여 즐거운 마음으로 목적을 수행하기 위한 행동 과정을 생각할 수 있는 힘을 길러줄 수 있기 때문이다.

아이의 장난감은 직접 선택하게 한다

 어린이에게 혼자 여행하게 하는 등 독특한 교육법으로 주목받고 있는 일러스트레이터 마나베 히로시 씨는 그의 저서 《단독 여행교육》에서 이렇게 쓰고 있다. 아이에게 물건을 선택하는 힘이나 판단하는 힘을 길러줘야 한다고 느꼈을 때의 에피소드로, 그는 세 살 된 아들을 백화점의 장난감 매장으로 데려가서 처음으로 물건을 자유롭게 선택하도록 했다. 그런데 아이는 한참 망설인 끝에 한 시간이나 걸려 간신히 물건을 골랐다. 시간을 너무 많이 주어 결단을 흐리게 했는가 하고 생각한 그는 다음에는 시간을 제한했다. 그랬더니 결국 시간이 다 가도록 아무것도 사지 못했다. 그는 다시 세 번째로 아이를 데리고 백화점에 갔다. 지난번에 겪은 '쓴 경험'이 효과가 있었는지 매장에 도착한 순간 '이것!' 하고 결정해 버렸다. 그런데 이번에는 충분히 고려하지 않아 물건이 마음에 들지 않았다.

 어른인 경우에도 무엇인가를 결정하거나 선택하는 일은 여간 어려운 일이 아니다. 그러므로 아이에게는 무리한 요구일 수도 있다. 그러나 마나베 씨의 경험으로는 되풀이하여 아이 자신이 선택하도록 하는 동안에 아이에게도 자기의 개성을 살린 선택법과 단시간에 선택할 수 있는 결단력이 길러진다는 것이다.

머리가 좋다는 것은 기억력과 분석력도 중요하지만 단시간에 갖가지 요소를 정확하게 비교 검토하여 선택 결단하는 능력도 중요한 조건이 된다. 그러한 능력은 일찍부터 기를수록 좋다. 서구의 아이들은 유치원 때부터 자기의 옷과 장난감은 스스로 선택하도록 교육받는다고 한다.

용건을 종이에 적는 대신 말로 전하면 기억력이 좋아진다

아이에게 물건을 사오게 하거나 말을 전하는 심부름을 시킬 경우 용건을 적극적으로 말하는 것이 아이의 갖가지 능력을 발달시키는 데 도움이 되는 것은 말할 것도 없다. 그러나 여기서 좀 더 연구하면 아이의 두뇌, 특히 기억력의 증강을 꾀할 수 있다.

말하자면 용건의 내용을 종이에 적지 않고 입으로 옮겨 용무를 마치는 훈련을 시키는 것이다. 기억력이란 받아들인 정보를 자기 나름으로 문자나 기호 이미지로 바꿔 머릿속에 넣고 필요에 따라 그것을 꺼낼 수 있는 능력을 말한다.

그러므로 종이에 쓴 것을 보지 않고 생각해 내는 것은 그 정보를 넣고 꺼내는 능력을 단련시키게 된다. 물론 아주 어린아이의 경우에는 처음부터 여기까지 요구하는 것은 무리다. 이런 때를 위해 나는 다음과 같은 3단계의 훈련법을 권하고 있다.

우선 제1단계에서는 심부름할 항목을 종이에 적고 아이가 기억하게 한다. 이때 아직 글을 읽지 못하는 아이라면 간단한 그림이나 기호를 적어주면 좋을 것이다. 그리고 그 종이를 작게 접어 '만일 잊어버리면 그때만 종이를 봐라.' 하고 말하며 주머니 속에 넣어준다. 종이를 보지 않고 심부름을 할 수 있게 되면 그 종이를 아이 앞에서 찢어버린다. 이것이 제2단계다. 제3단계는 아이가 기억력에 어느 정도 자신을 가졌으면 종이에 적지 않고 완전히 입으로만 전하여 심부름을 보낸다. 이렇게 하면 네 살 된 아이라도 대체로 1개월이면 3단계에 도달할 수 있다.

용건을 지시할 때에는 한 번에 두 개 이상 말한다

머리가 좋은 사람의 대표처럼 불리는 쇼토쿠 태자는 한 번에 일곱 명의 이야기를 동시에 들어 분간할 수 있다는 전설이 있다. 이것은 극단적인 예지만 가령 당신은 아이에게 용건을 지시할 경우 알기 쉽게 하기 위해 한 개의 용건을 지시하고 그것이 끝난 뒤 또 한 개의 용건을 지시하는 식으로 한 번에 한 개의 용건밖에 지시하고 있지는 않은가?

언뜻 보기에는 합리적인 방법처럼 보이지만 실은 아이의 지적 능력을 발달시키는 면에서는 좋지 않은 방법이다. 한 번에 한 개의 용건밖에 말하지 않으면 아이는 한 개의 용건만을 충실히 실행에 옮길 수밖에 없다.

그러나 한 번에 두 개 이상의 용건을 동시에 지시하는 경우에는 어떠한가. 아이는 긴장하여 지시한 일을 명심하고 무엇부터 먼저 할까 하고 생각지 않으면 안 된다.

예를 들어 '놀러갔다 오면 두부와 감자를 사오너라. 그리고 마당을 청소해라.' 하고 지시했을 경우 아이는, 심부름은 놀러갔다 올 때 하면 된다, 마당 청소는 어두워지면 할 수 없으니까 놀러가기 전에 하자는 등의 생각을 하게 될 것이다. 약삭빠른 아이라면 놀이 친구에게 물건 사는 일을 거들게 할 수도 있다. 또한 부서지기 쉬운 두부는 제일 뒤에 사자고 머리를 쓸 것이다. 사물의 우선순위나 효율적인 순서 등은 이와 같이 일의 지시 방법을 통해 자연히 습득해 가는 것이다.

도구의 용도를 가능한 한 많이 열거하게 하면 독창력이 길러진다

아이들의 소꿉장난을 보고 있으면 그들의 교육에 대해 여러 가지를 배울 수 있다. 예를 들면 완두콩을 감자라고 말하거나 도마를 인형의 침대로 사용하는 등 아직 도구나 사물의 일정한 용도에 구애받지 않는 아이들은 정해진 용도를 무시하고 자유롭게 용도를 생각하는 창조성의 훈련을 무의식중에 하고 있다.

이 자유로운 발상을 더욱 확장시켜 창조력을 키우기 위한 방법으로 주변에 있는 도구의 용도를 차례로 열거하게 하는 방법이 있다. 예를 들면 숟가락을 꺼내 '이것은 어디에 사용하지?' 하고 물어보는 것이다.

다섯 살 된 아이에게 이 실험을 했더니 '먹는다.'는 물론이고, 수프를 마신다, 모래를 판다, 귀를 긁는다, 삽을 대신한다, 칼로 쓴다 등 20개 남짓의 용도가 곧바로 나와 깜짝 놀란 적이 있다.

미국에서 학령기의 아동들을 같은 방법으로 조사했더니 벽돌의 용도를 40가지나 열거했다고 한다. 이때 부모도 용도를 열거하는 데 참여하면 아이는 자극을 받아 더욱더 많은 용도를 생각해 낼 수 있다. 부모와 아이의 독창력 겨루기지만 머리가 유연한 아이가 틀림없이 승리할 것이다. 이 유연성을 잃지 않게 하는 것이 부모의 중요한 역할이라 하겠다.

커다란 종이를 몇 개로 나누어 각각의 칸에 스푼과 포크 등 작은 도구를 셀로판테이프로 붙여두고 아이의 발상은 빨간 글씨, 부모의 발상은 검은 글씨로 적는 등 즐거운 놀이로까지 발전시킬 수 있을 것이다.

버리는 물건의 용도를 물어보면
창조력과 관찰력이 길러진다

　도쿄와 같은 큰 도시에서는 매주 정해진 날에 쓰레기를 수거해
간다. 그날은 아침 8시경에 폐품이나 버릴 것을 모아서 내놓지 않
으면 안 되는데 이것을 이용하여 아이의 '창조력 교육'을 하는 가
정이 있다.

　내가 아는 어떤 여성 편집인의 경우인데, 그녀에게는 네 살 된
딸아이가 있다. 쓰레기 수거일의 전날 저녁에 다음 날 아침에 내
놓을 폐품을 모으고 그 중에서 다시 점검하여 다른 용도로 사용할
수 있는 것만을 고른다. 그리고 딸아이에게 하나하나를 가리키며
'이것을 다른 곳에 쓸 수는 없을까? 버리기에는 너무 아깝다.' 하
고 물어본다. 그러면 아이는 지혜를 짜내어 플라스틱 계란 케이스
로 마당에 떨어진 꽃을 모아 '꽃의 무덤'을 만들자는 아이디어를
생각해 내기도 하고 다 쓴 볼펜을 젓가락으로 쓰고 싶다는 등의
제의를 하여 어머니를 어리둥절하게 하는 일도 있다고 한다.

　과연 이것은 아이에게 발상을 전환시켜 생각해 보는 버릇을 길
러주는데 대단히 도움이 되는 창조성의 교육이다. 또한 사물을 보

는 눈은 보통 용도를 가장 중요하게 생각하는데 다른 용도를 생각하는 과정에서 물건의 아름다움이나 재질, 색깔 등 평소에는 눈에 띄지 않았던 것까지 알 수 있게 된다.

이와 같은 것을 일상생활에서 자주 발견하게 함으로써 관찰력도 날카로워지고 사고력도 유연해지게 된다. 게다가 물건을 아끼는 정서 교육에도 도움이 되어 일석이조라 하겠다.

무엇이 부족할 때에는 대용품을 생각하게 한다

인간은 필요한 것을 모두 가지고 있어 부족한 것을 모르면 정신적으로 나태해져 생각하려는 의욕을 잃는다고 한다. 그런 의미에서 물질적으로 혜택을 받고 있는 현대의 아이들은 옛날에 비해 생각하는 것이 모자라는 것 같다. 수도가 없으면 물을 구할 수 없는 아이, 젓가락과 밥공기가 없으면 밥을 먹을 수 없는 아이가 증가하고 있는 것도 필요한 것을 너무 많이 가지고 있기 때문인지도 모른다.

그들에게 결여된 것이 있다면 그것은 생각할 기회다. 지우개가

없어졌을 때 '사주세요.' 라고 말하는 것은 간단하지만 이래서는
언제까지나 자기 스스로 사물을 생각할 수 없는 아이로 자랄 것
이다.

아이와 이야기할 때에는 가능한 한 '예.' '아니오.'로 대답할 수 없는 질문을 한다

신문이나 잡지의 기자가 인터뷰할 때의 요령은 상대에게 '네.'
'아니오.' 로 대답할 수 없는 질문을 하는 것이라고 한다. 예를 들
면 '당신은 치바 대학의 학생입니까?' '네.' '공학대학입니까?'
'네.' 라고 하는 질문으로는 상대에게서 그 이상의 이야기를 끄집
어낼 수 없다는 것이다.

질문의 형태를 좀 바꾸어 '당신은 치바 대학을 어떻게 생각합니
까' 하고 질문하면 상대방은 자기의 의견을 종합하여 대답할 수
있을 때까지 머리를 쓰지 않으면 안 된다.

그러므로 누구든지 대답할 수 있는 한정된 대답이 아닌 그 사람

만이 가질 수 있는 독자성과 개성을 끌어내는 역할을 할 때 비로소 그 인터뷰는 훌륭하다고 할 수 있을 것이다.

이 '인터뷰 방식'은 아이와 이야기할 때에도 효과를 발휘한다. 어머니들 중에는 아이의 자유로운 발언을 처음부터 막으려는 것처럼 말하는 사람이 종종 있다. 가령 '저기 있는 것이 우체통이지?' 하고 질문을 하면 아이가 대답할 수 있는 범위는 이미 결정되어 버린다. 아이가 더 이상 생각할 여지가 없는 것이다.

이런 경우 적어도 '무엇이', '어디에', '언제', '어떻게 생각한다.' 정도는 아이 자신이 대답할 수 있도록 질문하는 것이 아이의 사고력과 표현력을 기르는 데 있어서도 효과적이라 하겠다.

아이가 어이없는 질문을 해도 진지한 태도로 대답해 준다

종종 우리는 아이들과 이야기할 때 아이가 쓰는 말을 사용하여 아이의 지적 수준으로까지 자기 자신을 낮추는 경향이 있다. 특히 아이들에게 어이없는 질문을 받았을 때에는 자신도 모르게 웃음을 터뜨리거나 비꼬는 투의 말을 하기 쉽다.

내가 미국에 머물고 있을 때 어떤 모퉁이에서 본 광경이다. 네다섯 살쯤 된 사내아이가 히피풍의 수염이 텁수룩한 남자를 붙들고 '실례지만 아저씨는 왜 맨발로 다니고 있나요? 발이 아프지 않나요?' 하고 물었다. 그 사나이는 아이의 얼굴을 쳐다보고는 천천히 마치 어른에게 대답하듯 '이것은 나의 철학이다. 구두를 사이에 두지 않고 지구와 직접 접하고 싶다.' 라고 말했다. 아이는 작은 목소리로 간신히 납득한 듯 '아, 철학이군요.' 하고 말했다. 아마 아이는 그때 '철학' 이라는 말을 피부로 느꼈을 것임에 틀림없다.

왜냐하면 이 사나이가 어른에게 하듯이 진지한 태도로 대답해 줌으로써 아이는 자기의 질문이 적어도 대답을 들을 만한 가치가 있다고 느낄 수 있었기 때문이다. 요컨대 어른에게 질문하는데 있어 자신을 가지고 지적 영역을 점점 확대시킬 가능성이 열린 것이다. 반대로 어른이 불성실한 태도를 보이면, 이런 것을 물어보았자 대답해 주지 않겠지 하고 미리 체념하는 등 아이를 위축시킬 수도 있다.

아이의 질문을 받으면 알고 있어도
100퍼센트 대답하지 않는 편이 좋다

부모는 아이가 질문을 할 경우 완벽하게 대답하지 못하면 부모의 체면이 깎인다고 생각하기 쉽다. 그래서 자기가 모르는 질문을 받으면 '나중에 이야기해 주지.'라든가, '아마 이럴 거야.' 하고 이도 저도 아닌 대답을 하는 경우가 종종 있다.

반대로 알고 있는 것을 질문하면 일방적으로 지식을 가르치려 한다. 그러나 알고 있는 것이라 할지라도 전부를 말해 주는 것은 별 효과가 없다. 아이가 스스로 생각할 여지가 없어져버리기 때문이다. 아이가 자기의 의문을 부모에게 내맡기지 않도록 만드는 것이 오히려 바람직한 방법이라 하겠다.

아이의 질문에 논리적·과학적으로 대답하는 것만이 좋은 대답은 아니다

아이가 세 살쯤 되면 '어째서', '왜?' 라는 질문을 일과처럼 연발하게 된다. 이것은 아이에게 탐구심이나 지식욕이 싹트기 시작했다는 증거인데 이런 때 부모는 부적당한 대답을 해서는 안 되겠다는 의식에서 가능한 한 조리 있게 대답하려고 애쓴다.

말하자면 논리적이고 과학적인 대답을 하여 아이에게 정확한 인식을 심어주려는 것이다. 그러나 아이에게는 어떠한 대답도 그것으로 의문이 전부 해소되는 것은 아니다. 그러므로 정확성만을 고집할 필요는 없다.

아이의 질문에는 반대로 'IF'의 질문을 던져준다

아이들은 어째서 끊임없이 의문이 생기는가 하고 이상한 생각이 들 정도로 여러 가지 질문을 한다. 그러나 이와 같은 의문과 거기에 대한 대답을 통해 아이들의 사고의 세계는 확장되어 간다. 그러므로 같은 대답을 하더라도 조금만 연구를 하면 이 효과를 배가시킬 수 있다.

아이가 무심코 질문을 할 경우 곧바로 대답하는 것이 아니라, 아이의 질문 자체를 아이 자신에게 더욱더 명확히 인식시키고 거기에 자기 자신이 대답을 발견할 수 있도록 만들어주는 것이다. '만일 ……이라면(IF)' 하고 역으로 질문하는 것이다.

예를 들면 '어째서 밤에 잠을 자지 않으면 안 돼요?' 하고 질문을 할 경우 '만일 잠을 자지 않으면 어떻게 된다고 생각하니?' 하고 되물어주는 것이다. 그러면 아이는 '만일 잠을 자지 않으면 어떻게 되는가' 에 대해서 스스로 생각하게 된다. 이때 아이는 잠을 자지 않을 경우 생기는 가능성을 여러 가지로 검토할 기회를 갖게 되는데 그 결과, 잠을 자지 않으면 졸음이 온다든가 피로하다든가 아침에 일어나지 못한다든가 하는 등의 대답을 스스로 생각해 낸다.

이와 같이 'IF' 라는 '역 질문(逆質問)'은 아이가 자기 자신이 낸 질문에 대해 여러 가지 가능성을 생각해 내는데 효과적이다. 그러므로 대답을 스스로 이끌어내도록 힌트를 주면 되는 것이다.

아이가 말을 틀리게 사용하는 것은 창조력의 발달을 나타내는 증거다

아이가 말을 제일 많이 배우는 시기는 세 살부터 네 살까지라고 한다. 세 살이 되면 1년 동안 1000개 이상의 단어를 기억하는 아이도 있지만 그런 만큼 이 무렵에는 말을 틀리게 사용하는 것이 두드러진다. 이 무렵의 아이가 틀리게 말한다고 하여 염려하는 부모가 흔히 있는데 이것은 아이 자신이 스스로 생각하여 말을 사용한다는 증거이므로 전혀 신경 쓸 필요가 없다.

지금까지 아이는 부모나 형제가 쓰는 말을 기계적으로 흉내 내어 의사 전달의 수단으로 삼아왔다. 그러므로 지금까지는 말을 틀리게 하는 일도 당연히 적었다. 그러나 세 살에서 네 살 무렵이 되면 두뇌가 발달하여 자기가 적극적으로 말을 사용하게 되기 때문에 자연히 말을 틀리게 하는 경우도 증가하는 것이다. 만일 이 시기가 되어도 말을 틀리게 하는 일이 별로 눈에 띄지 않는다면 아직 모방의 시기가 끝나지 않았다고 보아도 좋을 것이다.

이렇게 생각하면 아이가 틀리게 말한다고 하여 무리하게 고치려고 하는 것은 아이 자신이 적극적으로 사고하는 것을 금지하는 것과 마찬가지임을 알 것이다. 아이는 무리하게 고치려 하지 않아도 자기의 말이 상대에게 잘 전달되지 않는다는 것을 깨달으면 자연히 올바른 사용 방법을 익히게 된다. 말의 규칙에 사로잡혀 아이의 자유로운 발상의 싹을 제거하는 것은 아이의 장래에 있어서도 결코 플러스가 되지 않는다.

아이가 말하려는 것을 알았을지라도 절대 앞질러 말해서는 안 된다

아직 언어 능력이 부족한 아이가 열심히 어른과 같은 말로 자기를 표현하려고 하는 모습은 어쩐지 애처로운 느낌마저 든다. 이런 때 어머니로서는 '알았어, 네가 말하려는 건 요컨대…….' 하고 아이의 말을 앞질러 말하고 싶을 것이다. 되도록이면 아이의 부담을 덜어주고 싶다는 '부모의 마음' 때문이라고도 할 수 있다.

그러나 아이의 표현 능력의 발달을 생각하면 이것은 역효과를 가져올 뿐이다. 말하고자 하는 것을 어른이 앞질러 말하면 아이는 표현의 욕구를 잃어버리기 때문이다. 아이의 발전을 위해서는 더듬거리더라도 아이가 이야기할 때까지 기다려주는 배려가 필요하다.

복잡한 회화를 시작한 아이와 대화를 할 때에는 '천천히' 기다려준다

앞에서 3, 4세 무렵의 아이가 말을 잘못 사용하는 것은 창조성이 싹트기 시작한 증거라고 이야기한 바 있다. 금방 배운 말을 자기가 생각하여 사용하기 때문에 이 시기에는 잘못뿐만 아니라 같은 말을 되풀이하거나 더듬고 막히는 일이 눈에 띈다. 이것도 아이가 말을 자유롭게 사용하게 되기까지의 과도기 현상으로 뇌의 언어 중추가 확고히 형성되면 자연히 없어진다.

그런데 부모로서는 아이가 말을 더듬거나 막히거나 할 경우 '더 정확히 말해 봐.' '그리고 그 다음은?' 하고 그만 주의를 주고 싶어진다. 그러면 아이는 자의식 과잉이 되어 도리어 말의 발달이 늦어지게 된다. 이럴 때 다만 '숨을 잘 들이쉬고 잘 생각하고 나서 말해 봐.' 하고 힌트를 주는 것만으로도 그와 같은 위험이 있다고 지적하는 대화 전문가가 있을 정도다.

가장 좋은 방법은 아이가 어떤 방법으로 말하든 신경 쓰지 말고 아이가 말을 찾고 있는 동안 느긋하게 기다려주는 것이다. 아이는 부모가 자기의 말을 잘 듣고 있다는 것을 알면 성급하게 이야기하려 하지도 않고 이야기 도중에 실수하는 일도 점점 적어질 것이다.

부모가 이야기할 때에도 빠르게 말하는 것은 금물이다. 들을 때나 이야기할 때나 '천천히' 하는 것이 이 시기의 아이들을 대하는 최선의 방법이다.

접속어에 주의를 기울이면
논리적인 사고를 기를 수 있다

아이들이 이야기하는 방식의 한 가지 특징은 '나 영자 공원 갔다.'와 같이 전보 문체적(電報文體的) 표현이다. 이것을 언어 심리학에서는 '모방 축감(模倣縮減)'이라고 한다. 요컨대 어머니가 이야기하는 완전한 문장 중에서 명사와 형용사, 동사 등 의미가 통하는 말(내용어라고 말한다.)만을 빼낸 것이다. 이것들은 의미를 전하는 데 반드시 필요하기 때문에 어머니는 더욱 분명히 악센트를 붙여서 발음한다. 어린이는 아직 언어 능력이 발달하지 않았기 때문에 몇 단어만을 흉내 내어 이와 같이 말하는 것이다.

그러나 언어 능력을 올바르게 발달시키기 위해서는 아이가 잊어버린 말을 보충하여 완전한 문장이 되도록 지도해야 한다. 앞의 예는 '나(는) 영자(와) 공원(에) 갔다.'라고 의미를 전하는 말(내용어)의 사이를 잇는 접속어(기능어라고 부른다.)에 주의를 기울여 완전한 문장에 가까이 접근시켜 주는 것이 부모의 역할이다. 이것은 '모방 확장(模倣擴張)'이라고 부르는 방법으로 이미 보통의 부모라면 무의식중에 아이가 미숙하게 이야기하는 방식에 대해 '아아 그래, 너는 영자와 공원에 갔다.' 하고 정정할 것이다. 아이가 일찍 정확한 언어 능력을 터득하도록 하기 위해서는 의식적으로 이러한 방법을 써서 끊임없이 접속어를 보충한 표현으로 아이의 말에 반응해 주도록 해야 한다. 이것은 접속어에만 한정되는 것은 아니다. 예를 들어 아이가 '주스' 라고 말했을 경우 '나는 주스가 마시고 싶어요.' 하고 말하도록 지도해 주는 것이 바람직하다. 올바르게 이야기하는 방식은 이치에 맞는 사고의 모체인 것이다.

아이가 엉뚱한 착상을 할때 칭찬해 주면 창조성을 기를 수 있다

라디오 프로 '어린이 전화 상담실' 에는 때때로 어른이 생각도 할 수 없는 기발하고 엉뚱한 질문이 들어온다고 한다. '얼룩말의 무늬는 흰 바탕에 검은 무늬입니까, 검은 바탕에 흰 무늬입니까?' 따위는 가장 흔한 예로 아무리 박식한 상담자들도 머리를 감싸쥐고 만다. 이때 질문한 아이가 곤란해서 쩔쩔매고 있는 위대한 선생님의 모습을 머리에 떠올리며 혼자 싱글벙글하는 것도 이 프로의 즐거움 중의 하나일 것이다.

　그러나 '왜?' 라든가 '어째서?'를 연발하는 아이들의 '알고 싶어 하는 마음'은 때때로 어른조차 '앗!' 하고 깜짝 놀랄 정도의 착상을 낳는다. 예를 들면 '도깨비 섬의 도깨비는 나쁜 짓을 하지도 않았는데 어째서 사냥을 당했지?(복숭아에서 태어났다는 모모타로가 개, 원숭이, 꿩을 거느리고 도깨비섬으로 도깨비 사냥을 갔다는 동화)' 하고 묻는 아이도 있다. 나쁜 짓을 하든 하지 않든 도깨비는 나쁜 것, 정벌되지 않으면 안 되는 것이라고 정해 놓고 있는 어른의 발상을 아이가 납득하지 못하는 것은 어찌 보면 당연한 일인지도 모른다.

　그런데 이와 같은 당연한 의문은 상식에 사로잡힌 어른의 딱딱한 머리로는 절대로 생각해 낼 수 없다. 뿐만 아니라 더욱더 딱딱한 머리를 가진 어른은 이 아이의 착상을 평가하거나 감탄하기는 커녕 '참으로 어이없는 말을 하는 아이군.' 하고 말해 아이의 마음을 상하게 하고 만다. 예컨대 아무리 상식에 어긋난 아이의 생각이라도 얕보지 말고 창조성의 싹을 찾아 평가해 주어야 할 것이다.

무엇인가에 열중하고 있는 아이를
좋은 습관을 길러준다고 무리하게 재워서는 안 된다

아이가 무슨 일인가에 열중하여 잠자는 것도 잊고 있을 때 당신이라면 어떻게 하겠는가? 이런 경우 '자, 잘 시간이다.' 하고 억지로 잠자리에 들도록 하는 부모가 많지는 않을까? 물론 규칙적인 생활을 몸에 익히기 위해서는 정해진 시간에 자는 것도 중요하다. 그러나 아이가 지적인 발달을 안으로부터 자발적으로 촉구한다는 점에서는 앞에서도 기술한 것처럼 오히려 그대로 두는 것이 좋다.

본래 학습의 진보는 정신을 집중하고 있을 때 일어나는 것이므로 사물에 집중하는 습관을 어려서부터 붙이도록 하는 것이 중요하다. 그런 의미에서 아이가 어떤 일에 열중하고 있을 때 집중 시간을 늘려주는 것도 좋은 습관을 길러주는 한 방법이 될 것이다.

아이의 발견에는 순진하게 놀란 표정을 짓는다

지적 발달의 계단을 한 발 한 발 오르고 있는 어린아이에게는 보고 듣는 모든 것이 새로운 경험이며 발견이다. 어른의 눈으로 보면 당연하고 시시한 일이라도 아이에게는 항상 새로운 발견의 기쁨이 있고 놀라움이 있다. 그러므로 아이가 그런 기쁨이나 놀라움을 표시하면 적극적으로 아이와 더불어 기뻐하고 놀란 표정을 짓는 것이 중요하다.

아이의 재능을 끌어내려면 우선 아이가 흥미를 일으키는 것이 중요한 포인트인데 그러기 위해서는 발견의 기쁨이나 놀라움을 체험하도록 해야 한다. 부모가 도와줄 수 있는 것이 있다면 아이의 기쁨이나 놀라움을 높이 평가해 주는 일이다.

아이가 열중해서 하고 있는 일을 방해해서는 안 된다

흔히 아이가 길가에 웅크리고 앉아 땅을 응시하고 있는 광경을 본다. 무엇을 하는가 하고 보면 벌레가 기어가는 것을 보고 있거나 물구덩이에서 물이 흘러나오는 것을 싫증도 내지 않고 눈으로 쫓고 있다. 이런 경우 처음에는 부모가 그대로 두지만 시간이 흐르면 '이제는 그만해.' 하고 아이를 다그치기 시작한다.

집에서도 마찬가지로 책에 열중하고 있는 아이에게 '자, 음료수 마시고 해라.' 하고 무의식적으로 말을 건네는 부모가 적지 않다. 이래서는 애써 집중하고 있는 아이의 주의를 어른의 편의로 중단해 버리는 결과가 된다. 이런 일이 거듭되면 집중력이 없는 아이로 자랄 위험이 있다.

부모가 아이에게 동작을 가르칠 때에는
그 동작을 말로 표현하면서 한다

　예를 들어 당신이 아이와 함께 샌드위치를 만들 경우 만드는 법을 아이에게 어떻게 가르치겠는가?

　'이렇게 한 장을 놓고 버터를 바르고, 그리고 햄을 올려놓지. 양상추에 치즈도 올려놓을까? 또 한 장 포개놓고 이쑤시개를 꽂고 자, 다 됐다.' 이와 같이 동작을 할 때 그것을 말로 표현하면 말의 의미와 기능을 아이가 자연히 체득해 가는 효용이 있다. 구체적인 동작으로부터 그 추상적인 말에 이르는 과정을 아는 것은 생각한다고 하는 추상 행위를 아이의 두뇌 속에서 촉진시켜 지적 발달에 좋은 영향을 준다.

아이에게 물건을 가져오게 할 때에는 손가락으로 가리킬 뿐만 아니라 위치를 구체적으로 말한다

지능 테스트에서 실험하는 중요한 능력의 하나로 '다이렉션(지시)'의 파악 능력이라는 것이 있다. 예를 들면 원과 삼각형과 사각형이 얽혀 있는 도형을 가리킨 다음 '원과 삼각형 속에 있고 사각형의 밖으로 되어 있는 부분을 검게 칠하라.'라고 하듯이 복잡한 지시를 정확하게 파악할 수 있는가를 시험하는 것이다.

이와 같은 다이렉션의 이해 능력은 특별히 지능 테스트에 나오기 때문에 중요한 것은 아니다. 그것은 모든 두뇌 활동과 밀접하게 연결된 기초 능력의 하나이므로 그때그때 훈련할 기회를 주어야 한다. 훈련이라고 해서 크게 걱정할 필요는 없다. 일상생활에서 얼마든지 그 기회를 발견할 수 있다. 예를 들면 서가에서 책을 가지고 오라고 할 경우나 식기 선반에서 필요한 식기를 가져오게 할 때 손쉽게 할 수 있다.

다만 이때 주의해야 할 것은 '저곳에 있는 저것을 가지고 와라.' 하고 목적물을 가리켜 말하는 것이 아니라 '아래로부터 세 번째 선반에 있는 가장 두꺼운 책 옆에 있는 푸른색 커버로 된 책을 가지고 와라.' 든가 '텔레비전 왼쪽의 선반에서 두 번째 단에 있는 검은 깡통을 가지고 와라.' 하는 등 위치나 물건을 구체적으로 말로 지시하는 것이다.

가리개의 양쪽에 두 아이를 앉게 하고 바둑판 모양의 똑같은 종이를 놓고 '오른쪽 구석에 ×표, 한가운데로부터 한 칸 왼쪽으로 ○표' 하는 식으로 지시하여 적어넣게 하고 나중에 두 아이가 적은 위치가 꼭 맞는가를 시험하는 게임이 있는데 이것 역시 위치·공간 감각을 기르는 놀이다.

여섯째
마당

머리에 영향을 준다

여섯째 마당을 시작하면서

직립보행이 인간의 '두뇌'를 바꾸었다

첫째 마당부터 다섯째 마당까지는 아이의 머리를 좋게 하는 조건 중 심리학적인 측면을 중심으로 생각해 봤다. 그러나 그것만으로는 충분치 못하다는 것은 말할 것도 없다. 그래서 여섯째 마당에서는 머리를 좋게 하는 생리학적인 조건까지도 생각해 보고자 한다.

이번에 다룰 것은 '머리에 영양을 준다.' 라는 테마로 크게 나누면 두 가지 내용이 포함되어 있다. 그 첫 번째는 문자 그대로 음식물로 영양을 주는 것이고 두 번째는 손과 발을 비롯한 신체의 각 부위를 움직임으로써 뇌에 '자극'을 주는 것이다.

우선 머리에 영양을 주는 것을 살펴보기로 하자. 지능의 발달을 촉진시키는 최초의 출발은 대뇌생리학(大腦生理學)의 보고에 의하면 이미 어머니의 뱃속에서부터 시작한다고 한다. 따라서 어머니들은 자기를 위해서뿐만 아니라 태어날 아이를 위하여 항상 건강이나 영양에 유의하지 않으면 안 된다. 물론 출생 후의 성장 과정에서도 영양의 균형은 뇌의 발달에 대단히 중요한 요소가 된다.

그러나 그것보다도 중요한 것은, 손발을 움직임으로써 뇌세포를 자극해 주는 것이다. 한 생물학자에 의하면 인간이 오늘날 지능을 발달시켜 다른 동물과 구분되어 지배자의 위치에 있는 것은 다름 아닌 인간이 두 발로 서서 걸을 수 있었기 때문이라고 한다. 두 발로 서게 됨으로써 우선 손을 자유롭게 움직일 수 있게 되었고 손을 사용하고 있는 동안 점점 손이나 손가락은 재치를 더해갔다.

우리의 신체 각 부위를 담당하는 대뇌의 영역은 피질부(皮質部)에 있는 운동 영역인데 그 영역 분포를 보면 손이나 얼굴을 움직이기 위한 영역이 다른 부분에 비해 훨씬 넓다는 것을 알 수 있다. 이것은 물론 몸체나 어깨 등의 움직임에 비해 손이나 얼굴의 움직임이 현저히 복잡하고 활발하다는 것을 의미한다.

이 중에서 얼굴 근육은 인간의 미묘한 감정의 움직임을 상대에게 전하는 표정의 중심라는 것을 생각하면 쉽게 수긍할 수 있을 것이다. 그러나 손의 움직임은 역시 그 움직임의 복잡함, 특히 손가락 끝의 교묘한 운동과 밀접한 관계가 있다고 생각해도 좋다.

다시 말하면 인간이 똑바로 서서 두 개의 손을 자유자재로 사용할 수 있게 되자 이것이 반대로 두뇌의 발달에 좋은 자극을 주어 머리가 좋아지고 이에 따라 손의 움직임이 활발해지고…… 이런 과정이 되풀이되면서 급속하게 계통 발생의 꼭대기까지 올라갔다고 생각된다.

인간의 손이나 손가락이 그다지 재치가 없었다면 우리는 '도구'를 만들어내고 사용하는 능력을 이 정도로 발휘할 수는 없었을 것이다. 이 도구의 창조와 사용에 의해 인간은 스스로의 생활 공간을 크게 확장하여 개선하고 개척할 수 있었다. 그래서 인간은 더욱더 머리가 좋아지고 마침내는 언어를 사용할 수 있게까지 되었다.

이와 같은 인류의 역사를 되돌아보면 어린아이는 얼마나 서투른 존재인가를 알 수 있다. 걷지 못할 뿐만 아니라 손가락 따위도 거의 움직이지 못한다. 그런 점에서 어린아이는 생명 있는 고깃덩어리에 불과한 것이다.

손과 손가락의 훈련에 따라 두뇌가 좋아진다

뇌가 발달함에 따라 신체 각 부위의 운동 기능도 급속히 신장된다. 그리고 손가락 끝도 점차 재주가 늘어 젓가락을 자유롭게 쓸 수 있게까지 된다. 그런데 손가락 끝의 운동 능력이 비교적 뒤떨어지는 것은 신체 발달의 두 가지 원칙에 지배되기 때문이다. 신체 기능의 발달은 원칙적으로 '머리로부터 엉덩이로' 라는 방향과 '중추로부터 말초로' 라는 두 가지 방향성을 가지고 있다. 그 어느 쪽의 원칙으로 말해도 손가락 끝은 불리한 위치에 있다. 이런 까닭으로 손가락의 운동 능력의 발달은 뒤떨어지기 쉽다. 만일 이것이 어린아이가 성장하는 과정에서 머리의 작용과 관련이 있다면 손가락의 움직임을 훈련시키는 일이야말로 머리를 좋게 하는 중요한 영양제가 될 것이다.

그런데 이탈리아 최초의 여성 의학박사이며 19세기 말부터 금세기에 걸쳐 최대의 교육 이론가이자 실천가였던 마리아 몬테소리도 예리한 직관력으로 이 사실을 알아냈다. 그녀는 아이가 싫증을 내지 않고 단추를 끼우는 일을 반복하거나 구두끈을 매려고 하는 것은 아이가 혼자 힘으로 자기의 지성을 연마하면서 성장하고 있는 증거라는 것을 깨달았다. 요컨대 아이는 외부로부터의 자극에 의해 머리의 발달을 촉구시킬 뿐만 아니라 자기 자신에 대한 교사이며 자발적인 존재라는 것을 발견한 것이다. 그런데 이것을 불가능하게 하는 것은 바로 어른이라는 관점에서 바라본 그녀는 단추 채우기 등 독창적인 교재의 개발에 노력했다.

오늘날 이러한 몬테소리의 이론이나 방법에 대해 의문을 제기하는 사람도 있지만 나는 이 방법에는 유아 교육의 본질이 있고 우리가 더욱 귀를 기울여 주목할 필요가 있다고 본다.

이런 까닭에 여섯째 마당에서는 몬테소리의 교육을 참고하면서 아이의 손가락 끝을 세밀하게 움직이는 것을 중심으로 일상생활에서 걷는 일이나 몸을 단련하는 일이 얼마나 중요한가를 언급하고 어머니들이 약간만 유의하면 간단히 훈련할 수 있는 '머리의 영양'에 대한 아이디어를 적어보고자 한다.

머리를 사용해야 할 때일수록 몸의 운동이 필요하다

두뇌의 발달이라는 관점에서 몸과 머리가 밀접한 관계에 있다는 것은 이미 이야기한 바 있다. 그러나 그날그날의 머리의 활동과 운동량 사이에도 꽤 긴밀한 관계가 있는 것으로 보인다.

체육심리학의 전문가인 오사카 교육대학의 가시와바라 겐조우 교수가 조사한 바에 의하면 특히 유아의 운동은 대뇌 중추로 민감하게 되돌아가 신경 활동을 활발하게 한다고 한다. 예를 들면 그는 유치원 아동의 정신 작용을 조사하기 위해 크레펠린 검사를 했는데 운동회 기간에 그 작용의 속도가 크게 향상되었다고 한다.

이것을 역으로 말하면 정신 작업, 즉 머리를 사용할 필요가 있을 때에는 몸의 운동도 필요하다는 것이다. 그러므로 '시험이니까 운동을 삼가지 않으면 안 된다.'든가 '운동을 하면 몸으로 피가 몰려서 머리의 혈액순환이 나빠진다.'라는 속설은 다시 생각해 보아야 한다.

전통적인 심리학 이론에서도 적절한 육체적 자극은 정신적 긴장이나 스트레스를 제거하고 두뇌 활동을 촉진한다는 것이 입증되고 있다. 격렬한 정신노동을 하는 작가나 비즈니스맨들이 기분 전환을 위한 체조나 산책, 여러 가지 스포츠 등을 일과처럼 하고 있는 것도 이와 관계가 있을 것이다. 이와 같은 운동 기능과 정신 기능의 밀접한 관계를 생각하면 아이의 두뇌를 활성화시키기 위해서도 운동을 많이 시켜야 한다.

몸이 건강한 아이는 머리도 활발하게 움직인다

막 태어난 갓난아기가 감기에 걸리면 그만큼 성장이 크게 떨어진다고 한다. 생후 3년 동안은 두뇌를 만드는 데 특히 중요한 시기이므로 몸에 이상이 생기면 뇌의 발달이 뒤떨어지기 때문이다. 그리고 시간이 더 흐르면 머리의 기능은 뇌의 구조 자체보다도 몸과 밀접한 연관을 갖게 된다. 그러므로 몸이 약하면 비록 뛰어난 구조의 두뇌를 가지고 있을지라도 그것을 활발하게 움직일 수가 없다.

그리하여 몸이 약하면 싫증을 내기 쉽고 생각하기 싫어하는 소극적인 아이가 되기 쉽다. 초등학교에서 '달리기를 잘하는 아이는 머리가 좋다.' 라고 말하는 것도 일리가 있다.

편식은 몸보다도 머리에 해롭다

　아이의 신체가 커지는 것은 눈에 보이지만 뇌의 속은 보이지 않기 때문에 뇌의 성장에 영양이 필요하다는 것은 그만 간과되기 쉽다. 흔히 편식을 하면 몸의 성장에 해롭다고 하지만 몸보다도 머리 쪽에 더욱 나쁜 영향을 끼친다는 사실이 의외로 등한시되고 있다.

　예를 들면 아이가 좋아한다고 해서 캐러멜이나 초콜릿만을 주고, 싫어한다고 해서 비타민 B2나 칼슘 등 머리에 영양을 주는 녹황색 채소를 먹이지 않으면 머리의 활동이 둔해질 수도 있다. 신체의 건강에 나쁜 것은 머리의 건강에도 역시 나쁜 것이다.

잠을 너무 많이 자면 머리가 나빠진다

'잠을 자고 있는 아이는 자란다.'고 하지만 이것은 유유아(乳幼兒)의 경우고 그 이후에는 몸은 자랄지 모르지만 너무 많이 잠을 자면 머리에는 좋지 않다.

예컨대 일요일이라고 해서 점심 때까지 잠을 자면 온종일 머리가 띵한 것을 흔히 경험했을 것이다. 아이의 경우도 마찬가지로 지나치게 잠을 자면 역효과가 난다.

다만 수면을 충분히 취하지 않으면 머리가 활발히 움직이지 않는데 수면이라는 것은 시간의 길이가 아닌 어디까지나 얼마나 깊이 잠을 자는가가 문제인 것이다.

식사 중의 '잡담 금지'는
아이의 표현력을 저하시킨다

미국이나 유럽에서는 식사 중에 아이가 침묵을 지키고 있으면 반드시 부모가 어디 아프냐고 묻는다고 한다. 식탁은 중요한 '가족 커뮤니케이션의 장'이며 말을 하지 않는 아이는 병이 난 것으로 생각되기 때문이다.

그러나 우리는 아이가 식사 때 잡담을 하면 '식사 때만은 입을 다물어라.' 하고 주의를 주는 경우가 많다. 이것을 단지 관습의 차이라고 말할 수만은 없다. 어찌 보면 잡담을 해도 금지시키지 않을 뿐만 아니라 그것을 오히려 권장하는 사고방식이 바람직한 일인지도 모른다. 왜냐하면 아이에게 식사 시간은 가장 즐거운 시간이며 흥분되어 기분도 북돋워져 있으므로 여러 가지 생각을 자연히 입을 통해 표현하기 때문이다. 이렇게 활기차게 이야기를 하고 있을 때 그만두라고 제지하는 것은 아이의 지능 발달에 좋지 않은 영향을 준다. 표현력을 억제해 버리기 때문이다.

우리나라에서는 옛날부터 일상의 행동을 의식화하는 경향이 있어 식사조차도 의식으로 만들어 의식의 수행 중에는 침묵을 지키도록 강요했기 때문에 표정이 없는 얼굴과 표현력이 빈곤한 대화 밖에 할 수 없게 되었다고 말하는 학자도 있다.

그러므로 아이가 식사 중에 잡담을 해도 너무 엄하게 야단치지 않는 것이 아이의 머리 발달에도 효과적이라 하겠다.

집안일을 돕게 할 경우에도 가능한 한 손가락 끝을 자주 사용하는 일을 시킨다

요즘에는 아이의 공부를 위해 집안일을 일체 시키지 않는 어머니가 증가하고 있다고 한다. 조금이라도 공부하는 시간을 빼앗지 않겠다는 부모의 심정을 모르는 바 아니지만 이럴 경우 오히려 역효과가 날 수 있다.

예를 들면 부엌에서 식사 준비를 거들게 할 경우 양배추나 바나나의 껍질을 벗기게 하거나 완두콩의 껍질을 까게 하면 자연히 손가락 끝을 움직이게 되는데 이 세심한 운동이 실은 뇌에 자극을 주어 머리에 좋은 영향을 주는 것이다. 그러므로 오히려 집안일을 적극적으로 거들게 하는 것이 효과적이라 하겠다.

식사는 젓가락으로 하게 한다

　최근 우리의 식생활이 양식화된 탓인지 젓가락을 사용하지 못하는 아이가 많다고 한다. 가정에서나 학교에서나 포크를 사용하는 경우가 많아졌는데 아이의 지적 발달이라는 측면에서 아이의 젓가락 사용의 효용을 좀 더 인식할 필요가 있다.

　이미 언급한 바와 같이 인간의 신체 기능은 머리로부터 엉덩이로, 중추로부터 말초로 발달하는 것으로, '손은 제2의 머리다.' 라고 하는 것처럼 손이야말로 머리의 발달을 가장 상징적으로 나타내고 있다. 즉 손의 움직임이 활발한 아이일수록 머리의 활동도 활발해지게 된다. 역으로 말하면 손가락을 자극하면 두뇌를 자극하게 되므로 젓가락을 사용하는 일도 일상생활에서 가능한 '머리의 체조' 인 것이다.

오른손뿐만 아니라 왼손을 사용하게 하면
머리의 훈련이 된다

왼손잡이 아이를 어떻게 오른손잡이로 교정하느냐 하는 것은 아직도 어머니들에게 염려되는 과제인 모양이다. 요즘에는 무리한 교정에 의해 아이가 말을 더듬게 되고 야뇨증 등의 심리적 장해를 일으키기 쉽다는 사실이 널리 알려진 덕택으로 옛날처럼 신경을 쓰는 부모는 그리 많지 않다. 그러나 나는 아이의 왼손잡이를 좀 더 적극적인 의미에서 긍정하고 싶다. 오히려 오른손잡이의 아이에게도 왼손을 쓰는 훈련을 시키도록 권장하고 싶을 정도다.

바이올린의 조기 교육으로 유명한 스즈키 신이치 씨는 인간은 본래 양손잡이라고 주장하고 있는데, 확실히 손가락을 움직이는 것이 머리를 훈련시킨다는 효용을 감안한다면 오른손만으로 한정시킬 필요는 없을 것이다.

연필 깎는 기계는
아이의 머리가 발달할 수 있는 기회를 빼앗는다

어떤 초등학교에서 100명의 어린이에게 '연필을 어떻게 깎고 있느냐'는 조사를 했더니, 전원이 기계를 사용하여 연필을 깎고 있다고 대답했다고 한다. 연필을 깎는 기계도 대부분 수동식이 아닌 전동식이라 아이는 아무것도 하지 않아도 된다.

이것만으로도 칼로 연필을 깎고 심의 날카로움을 서로 겨루었던 우리의 어린 시절과 비교하면 격세지감을 금할 수 없다. 시험 삼아 아이들에게 칼과 연필을 주었더니 누구 하나 연필 깎는 법을 아는 아이가 없었다고 하니 참으로 놀라운 일이다. 편리한 것이 생겨 무엇이든지 빠르고 쉽게 할 수 있게 된 것은 한편 좋은 일이지만 그 때문에 요즘의 아이들이 옛날의 아이들에 비해 대단히 솜씨가 없어져, 심한 경우에는 구두끈도 제대로 매지 못하는 아이가 있는 것은 큰 문제다.

왜냐하면 손은 머리의 일부이며 손의 신경은 머리의 신경 중추와 직접적으로 연결되어 있어 머리의 활동을 재는 바로미터라고도 할 수 있기 때문이다. 바꿔 말하면 손재주가 있는 아이일수록 머리의 활동도 좋을 가능성이 있다. 그와 같이 생각하면 연필 깎는 기계가 보급되어 칼을 사용하지 않게 된 것은 큰 손실이라 하지 않을 수 없다.

이와 같은 이유로 나는 아이들이 칼로 연필을 깎는 것을 권장하고 싶다. 아이에게는 위험한 일이라고 말하는 어머니도 있을지 모르지만 손의 위치, 칼날의 방향 등 사용법의 기본을 가르쳐준다면 그렇게 염려할 필요는 없다.

가위로 종이를 자를 때에는 아무렇게나 자르는 즐거움을 맛보게 한다

가위로 종이를 자르는 일은 아이가 가장 먼저 할 수 있는 복잡한 손의 작업이다. 끝이 둥근 가위를 주면 위험하지도 않고 두 살 정도면 충분히 가위질을 할 수 있다. 그러나 한 가지 주의해야 할 것은 처음부터 어떤 결정된 형상을 자르도록 가르치지 않는 것이다. 처음에는 아이에게 아무렇게나 종이를 자르는 즐거움을 맛보게 해야 한다.

아이가 엉터리일지라도 자유롭게 가위를 움직이고 종이를 자르는 것이 사물에 사로잡히지 않는 발상을 몸에 익히는 동시에 손끝의 운동 기능을 좋게 하고 지능을 높이는데 도움이 되기 때문이다.

바이올린이나 피아노는 아이의 집중력을 기른다

앞에서 언급한 바이올린 교육자 스즈키 신이치 씨의 음악 교실에서 공부한 아이들을 그 후 추적 조사해 보았다. 그런데 대부분의 부모들이 '이상하게도 시험공부 때문에 고생을 하지 않는다.' '친구들과 놀러만 다니는데도 비교적 성적이 좋다.'고 대답했다고 한다.

역시 바이올린 등으로 음악을 공부할 때에는 되풀이하여 훈련할 필요가 있고, 그때마다 한 곳에 주의를 집중해야 능력이 향상될 수 있다. 이런 엄격함 속에서 집중력을 몸에 익혔기 때문에 시험을 볼 때나 숙제를 할 때에도 플러스가 된 것이다. 아이에게 피아노나 바이올린을 가르치면 아이의 두뇌에 영양을 준다는 점에서 효과가 크다고 하겠다.

따뜻한 날에는 가능한 한 아이를 알몸으로 놀게 하면 정신과 신체가 함께 발달한다

1969년 이래로 원아를 알몸으로 놀게 하여 알몸의 유치원으로 유명한 고히츠지 유치원(아이치 현 도요바시 시)의 우에사토 요시타카 원장에 의하면 알몸 교육은 신체의 발달뿐만 아니라 정신적으로도 다음과 같은 성과가 있었다고 한다. ① 성격이 명랑해졌다. ② 사물에 구애되지 않으며 적극적이 되었다. ③ 언동이 시원시원해지고 교사와의 대화도 왕성해졌다. ④ 동작이 기민하고 근성이 생겼다. ⑤ 남녀의 차별을 의식하지 않게 되었다. ⑥ 자주성이 강해졌다.

옷을 입고 있으면 피부가 옷감에 싸여 감각 기관의 활동이 제한되지만 알몸이 되면 감각 기관이 해방되는 효과가 있다. 촉각을 예로 들면 손으로 흙을 만지는 감각과 알몸인 채로 드러누워 배나 등에 흙이 닿는 감각은 전혀 다르다. 알몸이 되어야 비로소 촉각이 완전히 해방되는 것이다. 이로 인해 아이의 두뇌가 지금 이상으로 명석해지고 그것이 시원시원한 활동이나 자주성으로 나타나는 것은 부정할 수 없다. 확실히 알몸을 햇빛에 쬐어 상쾌해지면 평소 옷으로 가려진 부분에 대한 자극이 때로는 뇌의 중추에 전해져 뇌의 신경세포에도 최대한의 영양을 줄 것이다. 물론 모든 아이가 언제나 알몸으로 있어야 좋다는 것은 아니다. 아이의 건강 상태나 날씨에 따라 OK 여부를 판단하는 것이 부모의 역할이다.

잘 걷는 아이일수록 머리가 활발하게 움직인다

체조 연구가인 다케고시 미요코 씨의 말에 의하면 어떤 퀴즈에서 회답자와 함께 벨트 위를 달리면서 사회를 보았을 때 평소 운동을 잘하는 회답자가 달리는 쪽의 상태도 파악하여 퀴즈의 답도 척척 맞혔다고 한다. 마라톤 선수는 출발하고 나서 800미터쯤 지나야 머리가 맑아지고 그날의 페이스 배분이나 레이스 추진을 거침없이 생각할 수 있게 된다고 한다.

다리를 움직임으로써 호흡이 촉진되고, 뇌의 산소 공급률이 높아지기 때문이다. 그렇다면 잘 걷는 아이일수록 머리의 활동이 활발해진다고 말할 수 있다. 머리에 영양을 줄 뿐만 아니라 늠름한 아이로 기르기 위해서라도 아이를 열심히 걷게 하는 것이 좋다.

마음 내키는 대로 걷게 하는 것이
아이의 머리에 좋다

요즘 아이들은 유치원에 다닐 때조차 버스로 다닐 정도여서 먼 거리를 걸을 기회가 거의 없다. 뿐만 아니라 어쩌다 가까운 거리를 걷게 되더라도 자기 혼자서 좋아하는 대로 걷지 못하는 경우가 많다. 근처의 상가에 물건을 사러갈 때에도 어머니의 손을 잡고 간다. 그 중에는 어린아이가 부모에게 양손을 잡혀 마치 끌려가는 것 같은 모습으로 걷고 있는 광경조차 종종 눈에 띈다.

교통 사정 등을 생각하면 어쩔 수 없는 일인지 모르지만 위험하니까, 서둘러야 하니까 하고 언제나 부모의 생각대로 아이를 걷게 하는 것은 다시 생각해 볼 필요가 있다.

얼마 전에 발족된 '어린이 걷기 모임'의 연구에 따르면 걷는 동작은 기질이나 체질, 성격에 따라 그야말로 아이들 숫자만큼 여러 가지 종류가 있다고 한다. 다시 말하면 아이들 개개인이 독자적인 운동 신경회로를 갖고 있고, 그 신경회로의 발달에 자극이 되어 독자적인 사고방식을 갖는 머리를 만드는 것이다. 그렇다면 어머니가 아이를 마음대로 걷지 못하게 하는 것은 큰 잘못이라고 생각지 않을 수 없다. 아이를 제멋대로 걸어다니게 하면 어른의 눈에는 쓸데없는 것에 정신을 빼앗기기 때문에 참으로 위험해 보이겠지만, 걷는 것이야말로 그 아이의 개성을 기르는 머리의 중요한 기초를 만들고 있다고 할 수 있다. 그러므로 기회를 보아 아이를 자유롭게 걸을 수 있는 곳으로 데려가라고 권하는 바다.